목소리에도
색깔이있다

목소리에도 색깔이 있다

1판 1쇄 인쇄 2018년 09 월 17일
1판 1쇄 발행 2018년 09 월 20일

지은이 권수미
발행인 김주복
기획 출판기획전문(주)엔터스코리아
디자인 designBAB

발행처 서래
출판등록 2011.8.12. 제 305-2011-000038호
주소 서울시 동대문구 답십리 2동 한신아파트 2동 106호
대표전화 070-4086-4283
팩스 02-989-3897
이메일 2010sr@naver.com

값 14,500원
ISBN 978-89-98588-20-5 (03190)

목소리에도
색깔이있다

권수미 지음

서래books

목소리는 바뀔 수 있다

12년의 강의 활동과 5년의 스피치 교육원 운영으로 나는 다양한 케이스의 교육생을 만나볼 수 있었다. 무대 공포증, 발표 불안 등의 수강생들도 있었지만, 그중에서 목소리에 대한 콤플렉스 때문에 교육원을 찾는 분들이 많았다. 특히 목소리에 대한 콤플렉스는 그 자체만으로 발표 불안이나 무대 공포증 등으로 연결돼 발표에 대한 악순환의 주범이라 할 수 있다.

목소리 콤플렉스를 가지고 있는 대부분 사람들은 자신의 목소리를 바꿀 수 없다고 단정적으로 생각한다. 그러나 강의를 하면 할수록 확신이 드는 생각은 '목소리는 바뀔 수 있다'라는 것이다. 사실 얼굴보다 쉽게 바꿀 수 있는 것이 목소리다. 원판 불변의 법칙을 뒤집기 위해 얼굴을 바꾸려면 상당한 노력과 비용이 필요하지만, 목소리는 다르다. 제대로 된 방법을 익히고 꾸준히 노력만 한다면 얼마든지 원하는 목소리를 만들 수 있다.

커뮤니케이션할 때 목소리가 30% 이상의 비중을 차지할 정도로 영향력이 상당하다. 실제로 교육을 하다 보면, 전달하고자 하는 메시지는 그 내용보다 말하는 사람의 말투와 분위기에 따라 확연히 달라지곤 한다. 전화처럼 음성만으로 대화나 협상을 하게 되면 목소리가 가지는 영역은 100%가 되어버린다. 또한, 목소리만 듣고 상대에 대한 일차적인 이미지를 판단하고 확정하는 때도 있다. 목소리는 나의 제2의 얼굴인 것이다.

최종 면접 자리에서 목소리가 기어들어 가고 발음이 부정확하다면? 중요한 미팅 자리에서 탁한 음성으로 신뢰 가는 이미지를 심어주기 어렵다면? 강의 시에 목소리가 너무 단조롭고 생동감이 부족해 학생들이 집중하지 않는다면? 사랑하는 그녀가 당신의 투박한 어투와 가는 목소리에 매력을 느끼지 않는다면? 이 모두 변화가 절실히 필요한 시점이다.

예전의 나의 목소리는 만화 캐릭터 같았다. 찢어질 듯한 하이톤의 앵앵대는 목소리, 흡사 돌고래 소리 같다는 평가를 받았다. 친한 친구들은 애써 귀엽다고 이야기할 뿐이었다. 대학교를 졸업하고 진로를 정할 때 강사가 되고 싶다고 말했더니 나에게 맞는 직업을 찾아보라고 모두 만류했었다. 실제 강사를 준비하는 과정에서도 직업에 적합하지 못한 목소리라는 평가를 받았다. 하지만 간절함이 더 컸기에 포기할 수 없었다.

그런 내가 10여 년 만에 만난 친구들에게서 듣는 말은 내 목소리가 다른 사람의 목소리처럼 놀랍게도 너무 좋아졌다는 이야기다. 이처럼 나의 경험이 '목소리는 바뀔 수 있다'는 산 증언이다. 하지만 분명한 것은 바꾸고자 하는 확고한 의지가 동반되어야 가능하다.

목소리에는 그 사람의 인격과 분위기가 담겨 있다. 당신은 어떤 인격과 분위기를 가지고 싶은가?

카리스마가 묻어나지만 따뜻하며 때에 따라 사랑스럽고 온화하게 바뀌는 목소리는 매력적이다. 그런 목소리는 다른 사람만의 이야기가 아니다. 내가 주인공이라고 생각하고 지금부터 시작해보자! 목소리가 바뀌는 것만으로도 당신의 삶이 한층 더 즐거워질 수 있다.

이 책은 하루 30분, 32일이면 누구나 확연히 달라진 목소리를 체험할 수 있도록 구성했다. 교육원에서 수업할 때도 16시간에 맞추어 진행한다. 그리고 수업이 끝났을 때 목소리가 달라진 많은 학생들을 보아왔다. 즉, 16시간은 목소리의 변화가 일어나기에 가장 적합한 시간인 것이다. 끈기를 가지고 차근차근 따라오면 좋겠다. 더불어 무슨 일이든 롤 모델이 있는 게 좋다. 스스로가 느끼기에 좋은 목소리를 가진 사람이 누구인지 생각해보고 그와 비슷한 목소리를 가지고 싶다는 마음가짐으로 접근해보자. 정확하고 밝고 따뜻하며 감정이입이 가능한 건강한 목소리를 냄으로써 자신의 가치를 극대화할 수 있다.

항상 건강한 생각을 할 수 있도록 도움 주시는 존경하는 부모님과 사랑하는 나의 사람들에게 깊이 감사드립니다. 목소리에 대한 고민을 함께 나눈 스마일스피치 학생들에게도 고마운 마음 전합니다. 그리고 가장 빛나는 별 나의 영웅 베드로, 영원히 사랑합니다.

차례

프롤로그 목소리는 바뀔 수 있다 4

PART 1.
목소리 기본기

Day 1 **목소리에 귀를 열면 성공으로 가는 지름길이 보인다** 16
• 내 목소리 셀프 진단하기 • 좋은 목소리가 되기 위한 조건

Day 2 **밝은 표정을 가진 사람의 목소리는 결과가 다르다** 27
• 소리를 내기 전 워밍업 • 조음기관 제대로 풀기

Day 3 **한 박자 쉬고 두 박자 쉬고 너의 호흡에 집중하라** 33
• 복식호흡 제대로 알기 • 호흡과 발성의 연결 알기

Day 4 **첫인상을 결정하는 목소리의 비밀을 알아채라** 45
• 제대로 된 발성의 필요성 알기 • 발성 시 배의 변화 알기

Day 5 **울림이 있는 발성을 감동의 목소리로 연결시켜라** 53
• 공명 제대로 이해하기 • 안면 발성하기

Day 6 **다양한 소리 훈련법으로 단단한 목소리의 기본기를 다져라** 62
• 스타카토 발성과 레가토 발성 알기 • 시 낭송을 바탕으로 발성 연습하기

Day 7 **건강한 목소리가 천 리 간다는 사실을 잊지 마라** 69
• 목소리의 크기 변화 이해하기 • 단계별 발성 훈련하기

Day 8 **공감하고 사랑하게 되는 목소리는 온도가 다르다** 76
• 포물선 둥근 발성으로 소리내기 • S 리듬 이해하기

PART 2.

발음을 정확히 하라

Day 9 익숙함에 속아 전달력의 중요성을 놓치지 마라 86

• 부정확한 발음이 원인/ 기본 발음 원칙 알기 • ㅏ, ㅓ 소리내기
• ㅗ, ㅜ 소리내기

Day 10 모음 훈련표를 가까이하면 누구나 아나운서가 될 수 있다 95

• 입 모양 다지기-모음 훈련표 알기 • ㅡ, ㅣ 소리내기 • ㅢ 발음 소리내기

Day 11 비슷한 듯 비슷하지 않은 미묘한 입 크기에 집중하라 104

• ㅔ, ㅐ 소리내기 • ㅚ, ㅟ 소리내기

Day 12 명품의 차이는 한 끗 차이, 이중모음을 정성스레 소리 내라 114

• ㅑ, ㅕ 소리내기 • ㅛ, ㅠ 소리내기

Day 13 똑소리 나는 나?! 음운의 구분도 똑 부러지게 하라 124

• ㅖ, ㅒ 소리내기 • ㅘ, ㅝ 소리내기 • ㅙ, ㅞ 소리내기

Day 14 조음점 찾기로 혀의 위치를 명확히 하라 132

• 조음 훈련표 알기 • ㄱ, ㄲ, ㅋ 소리내기

Day 15 사랑을 속삭이듯 부드럽게 혀를 굴려라 142

• ㄷ, ㄸ, ㅌ 소리내기 • ㄹ 소리내기

Day 16 놓치고 있는 장단음에 중요한 답이 숨어 있다 149

• 장단음 규칙 알기 • ㅁ, ㅂ, ㅃ, ㅍ 소리내기

Day 17 귀에 쏙쏙 들어오는 목소리로 대화의 몰입도를 키워라 160

• ㅅ, ㅆ 소리내기 • ㅈ, ㅉ, ㅊ 소리내기

Day 18 스스로를 래퍼라고 생각하라 169

• 어려운 발음 연습문장 연습하기 • ㅇ, ㅎ 소리내기

PART 3.

톤과 표현력의 중요성 알기

Day 19 강약조절과 완급조절로 목소리를 성형하라 184

• 강조기법 알기 I • 강약과 완급조절 적용하기

Day 20 표현력이 좋은 사람이 인간관계도 원만하다 194

• 강조기법 알기 II • 영상 화법 적용하기

Day 21 풍부한 감정전달로 상대와 마음의 크기를 맞추어라 202

• 목소리에 감정 담기 • 적절한 맞장구 표현법

Day 22 진지한 협상에서의 해답은 톤에 있다 214

• 저음, 중음, 고음의 이동 경로 알기 • 편안한 톤 찾기

Day 23 변화 있는 좋은 목소리로 진심을 전달하라 224

• 톤의 변화 이해하기 • 상승조, 하강조 적용하기

Day 24 첫 음을 꼬집어 제대로 들리게 이야기하라 236

• 첫음절 악센트 훈련하기 • 더블 MC 소화하기

Day 25 100km 이상 달릴 것인가? 안전하게 속도를 조절하라 244

• 끊어 읽기 기법 • 안정적인 속도로 말하기

PART 4.

그 외 유형과 실전 적용하기

Day 26 사투리 교정으로 세련된 도시 남녀로 다시 태어나라 258

•각 지역 사투리 이해하기 •사투리 교정의 핵심 알기

Day 27 다이어트도, 말을 먹는 것도 그만. 말끝을 명확하게 하라 268

•강세에 따른 의미 변화 파악하기 •스피치 구호로 목소리에 자신감 싣기

Day 28 얼굴뿐만 아니라 목소리에도 메이크업이 필요하다 274

•장르별 대본 소화하기 •상황에 맞는 목소리 내기

Day 29 이유 없이 끌리는 목소리에는 분명한 비법이 있다 285

•장르별 대본 소화하기 •상황에 맞는 목소리 내기

Day 30 일주일에 한 번은 목소리가 좋다는 이야기를 들어보자 297

•문제 상황 해결 목소리 처방전 알기 •읽지 말고 강의하듯 소리내기

Day 31 더 이상 아마추어라는 생각은 버리고 프로의 목소리를 욕심내라 305

•실전에서 활용하는 목소리 •프레젠테이션에 목소리 적용하기

Day 32 세상을 바꾸는 목소리로 어깨를 당당히 펴고 맞서라 318

•장르별 대본 소화하기 •상황에 맞는 목소리 내기

PART 1

목소리 기본기

나의 숨은 깊이 있는 목소리 찾기

건강한 목소리를 위한 워밍업하기

복식호흡을 바탕으로 한 호흡 기본기 다지기

아랫배를 이용한 깊이 있는 발성 만들기

공명을 이용한 감미로운 목소리 만들기

훈련하기 전 매일 5분 워밍업

1. 복식호흡으로 훈련 전 준비 상태 만들기

1) 들숨

–1부터 4까지 마음속으로 세면서 공기를 코로 들이마신다.

2) 날숨

–날숨 때는 천천히 배가 조금씩 들어간다.

–1부터 8까지 숫자를 세면서 숨을 내쉰다.

3) 응용

–2초간 숨을 들여 마셨다가 4초간 내쉰다.

–5초간 숨을 들여 마셨다가 10초간 내쉰다.

–8초간 깊게 들이쉬고 16초간 서서히 내쉰다.

2. 발성 연습으로 목 풀기

1) (아랫배에 힘을 주고, 목구멍을 열고) 아~(5초), 아~(10초), 아~(15초) 동안 발성한다.

2) 음~소리를 내며 공명을 느껴 보고, 가~하까지 계속해서 소리 낸다.

음~(2초) 가~ 음~(2초) 아~

음~(2초) 나~ 음~(2초) 자~

음~(2초) 다~ 음~(2초) 차~

음~(2초) 라~ 음~(2초) 카~

음~(2초) 마~ 음~(2초) 타~

음~(2초) 바~ 음~(2초) 파~

음~(2초) 사~ 음~(2초) 하~

3. 입을 크게 열고 복식호흡을 활용하여 스타카토 혹은 레가토로 큰 소리로 발성해보자.

가/나/다/라/마/바/사/아/자/차/카/타/파/하

거/너/더/러/머/버/서/어/저/처/커/터/퍼/허

개/내/대/래/매/배/새/애/재/채/캐/태/패/해

고/노/도/로/모/보/소/오/조/초/코/토/포/호

구/누/두/루/무/부/수/우/주/추/쿠/투/푸/후

그/느/드/르/므/브/스/으/즈/츠/크/트/프/흐

기/니/디/리/미/비/시/이/지/치/키/티/피/히

THIRTY MINUTES
30분

1.
목소리에 귀를 열면 성공으로 가는 지름길이 보인다

훈련에 앞서 자신이 가지고 있는 목소리의 상태를 알 필요가 있다. 목소리를 스스로 진단하고, 좋은 목소리가 되기 위한 조건에 대해 알고 출발하자.

오늘 30분의 목표

1. 내 목소리 셀프 진단하기
2. 좋은 목소리의 구성요소 알기

내 목소리 셀프 진단하기

아래의 3가지 원고를 읽어보자. 이는 자신의 목소리 상태와 습관을 파악하기 위함이니 자연스러운 목소리로 읽는 것이 좋다. 녹음 후, 자신의 목소리를 듣고 스스로 해당하는 상태를 진단해보자.

목소리 테스트 원고 1

스피치는 왜 중요할까요?

사람은 평생 말을 통해서 타인과 관계를 맺으면서 살아갑니다.

상황과 때에 맞는 적절한 말을 함으로써 타인과의 관계가 유지되고 또는 발전하게 되며, 자신의 감정이나 성향도 잘 나타낼 수가 있습니다.

이렇게 스피치는 세상을 살아가는 데 있어서 가장 기본적이면서 필요한 요소이므로 우리는 타인과의 원활한 소통을 위해서 스피치를 효과적으로 잘 사용해야 합니다.

하지만 우리는 스피치에 대해서 체계적으로 배워본 경험이 거의 없습니다.

어떻게 말을 시작해야 하며, 하고 싶은 말의 내용을 어떻게 구성해야 하는지, 그것을 어떻게 표현하는 것이 전달력 있게 말하는 것인지에 대해서 모르는 경우가 많습니다.

말을 잘하기 위해서 말의 구조와 표현 방법을 익히고 거듭 연습한다면, 충분히 지금보다 설득력 있는 스피치를 할 수 있을 것입니다.

목소리 테스트 원고 2

나는 대한민국의 직장인들이 직장과 직업, 꿈을 좀 더 명확하게 구분했으면 한다. 직업에는 만족하지만 근무하는 직장에는 불만이 있을 수 있다. 반대로 직업은 별로지만 지금 일하는 직장은 좋을 수도 있다. 그러나 직장과 인생은 분리해야 한다. 직장이 우리 삶의 전체가 아니다. 직장이 마음에 들지 않는다고 현재 자신의 인생까지 불만족스럽게 만들어서는 안 된다. 우리는 직장에 출근하기 위해서가 아니라 퇴근 이후의 삶을 위해 살아간다. 퇴근 이후의 삶도 엄연한 인생이고 주말도 중요하다. 직장은 직장이다. 우리는 직장에 너무 많은 의미를 부여한다. 가끔은 직장에서 떨어져 머리를 완전히 비워야 할 때도 있다

《자존감 수업》 중에서_윤홍균 저

목소리 테스트 원고 3

안녕하세요. 오늘 프레젠테이션을 맡은 ○○○입니다.

상반기에 기획되고 있는 신도시 계획안에 대해 말씀드리겠습니다.

계획이 부실하다면 막대한 비용 손실과 인력 낭비가 있을 수 있습니다.

따라서 철저한 계획하에 지역 발전에 큰 도움이 될 수 있도록 완벽하게 진행할 예정입니다.

이번 신도시 계획안은 크게 세 가지로 나눠 설명 드리겠습니다.

첫째, 신도시 계획안 방향

둘째, 실행 수익

셋째, 부가적인 기대효과입니다.

자, 지금부터 시작하겠습니다.

• 목소리 자가 진단표

1. □ 목소리가 힘이 없고 기어들어 간다.
2. □ 목이 쉽게 지치고 오래 얘기하면 목이 아프다.
3. □ 지금의 목소리 톤이 너무 높거나 낮다.
4. □ 목소리가 웅얼거리는 듯 답답한 느낌이다.
5. □ 발음이 부정확해서 주변 사람들이 자주 되묻는다.
6. □ ㅅ, ㄹ, ㄷ 등 특정 자음의 소리가 잘 안 된다.

7. □ ㅗ와 ㅓ 등 모음 구분 소리가 잘 안 된다.

8. □ 목소리가 생동감이 없고 지루하다.

9. □ 말의 속도가 너무 빠르거나 반대로 너무 느리다.

10. □ 말끝을 흐리며 마무리한다.

11. □ 쇳소리가 나며 목소리가 갈라진다.

12. □ 말을 자주 더듬는다.

13. □ 지방색이 드러나는 사투리를 사용한다.

14. □ 어린아이 같은 말투이거나 퉁명스러운 느낌이다.

15. □ 책을 읽듯이 감정이 배제된 채 이야기한다.

16. □ 목소리가 맑지 않고 탁하다.

17. □ 목소리가 딱딱하고 부드럽지 않다.

18. □ 비음 섞인 코맹맹이 소리가 난다.

19. □ 긴장하면 목소리가 떨린다.

20. □ 갑자기 이야기하면 목소리가 뒤집히는 일이 잦다.

15개 이상: 아주 심각한 상태이며 목소리 컨설팅이 시급한 상태다.

8개 이상: 목소리에 고민이 많으며, 목소리 때문에 전달력이 많이 떨어진 상태다.

5개 이상: 목소리에 고민을 안고 있으며, 고민이 늘 잠재된 상태다.

3개 이하: 목소리의 큰 문제점만 다듬으면 좋은 목소리를 가질 수 있는 상태다.

0개: 목소리의 전반적인 이해와 적용을 할 수 있는 상태다.

좋은 목소리가 되기 위한 조건

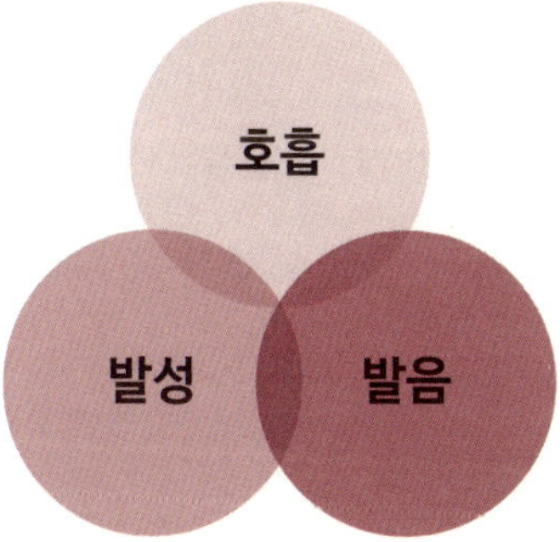

모든 것에는 기초가 가장 중요하듯이 올바른 호흡이 말의 기초 공사를 튼튼히 한다. 가수도 노래를 잘하기 위해 호흡을 다지는 것부터 시작한다. 배우 역시 풍부한 감정으로 연기를 잘하기 위해 가장 먼저 익히고 터득하는 것이 호흡이며 멋있는 목소리로 스피치를 잘하기 위해서도 호흡을 빼놓고는 이야기할 수 없다.

호흡이 안정되었다면 그다음 안정감 있는 발성으로 자연스럽게 연결해야 한다. 발성은 성대를 진동시켜 음성으로 만들어낸다. 발성을 어떻게 하느냐에 따라 스피치에 대한 믿음과 이미지가 달라진다. 한마디로 발성은 자신감의 전달이라고 해도 과언이 아니다. 꾸준한 훈련을 통해 목소리를 조절하는 능력을 갖추어야 한다. 더불어 아무리 좋은 내용이라 하더라도 그것을 부정확하게 발음한다면 청자가 그 내용을 제대로 이해하지 못하게 된다. 자음과 모음을 정확하게 발음하고 음의 장단을 구별해서 국어 음운 규칙에 맞는 소리를 내야 한다. 좋은 목소리는 호흡, 발성, 발음 등 3요소의 조화로 이루어진다.

목소리의 기술적인 6가지 요소를 살펴보면, 빠르기rate, 크기volume, 높이pitch, 길이duration, 쉬기pause, 힘주기emphasis이다. 단조로움을 피하고 전달력 있는 스피치를 하기 위해 각각의 요소를 적절히 사용할 수 있어야 한다.

빠르기: 역동적인 스피치를 하기 위해서는 목소리의 빠르기가 변화무쌍해야 한다. 호흡으로 조절하면서 때로는 빠르게, 때로는 느리게 말하는 것이다.

크기: 모든 청중이 들을 수 있을 정도로 크게 소리 내는 것이다. 큰 소리를 만들기 위해서는 성대에 많은 공기를 통과시키면 된다.

높이: 흔히 목소리의 크기와 높이를 혼동하는데 크기는 TV 볼륨을 키웠다가 줄였다가 하는 것을 생각하면 된다. 높이는 피아노의 '도레미파솔'을 생각하면 되겠다. 소리의 높낮이는 성대의 폭으로 조절하면 된다.

길이: 한 음을 얼마나 오래 끌며 소리 내느냐를 가리킨다. 장단음을 구분해 소리 내면 정확한 의미 전달이 가능해진다.

쉬기: 한 단어는 붙여서 읽고 단어와 단어 사이, 구와 구 사이, 절과 절, 문장과 문장 등 스피치의 각 구성요소 사이에서는 일정 시간 동안 쉬고 이야기를 하면 전하고자 하는 메시지를 더욱 명확하게 전달할 수 있다.

힘주기(강세): 특정 음절이나 단어 또는 구를 힘주어 말하는 것이다. 강세는 어떤 위치에 있기 때문에 해야 하는 것이 아니라 내용상 강조하고 싶은 내용이냐에 따라 결정된다.

오늘의 훈련 소리 내어 읽으며 연습하세요

여러분이 보고 계시는[계:시는] 이 사진 속에는 평범한[평버만] 사람들이[사:람드리] 담겨 있습니다.

그런데 이 사진을 보고 있으니 저도 모르게 미소를 짓게 됩니다.

다정하게 상대방을 바라보는 시선[시:선].. 즐겁고 행복한[행:보칸]

표정, 웃음, 손짓..

보는 이마저 즐겁게 만드는 이 행복함의[행:보카메] 원인이 있습니다.

바로 이 사진은 좋아하는[조:아하는] 사람들과[사:람들과] 수다를[수:다를] 떨고 있는[읻는] 그 순간을 포착한[포:차칸] 것인데요.

국어사전에서 수다를 찾아보면 쓸데없이[쓸떼업씨] 말수가[말:쑤가] 많음이라고[마:느미라고] 정의[정:이] 되어있는데요

쓸데없는 말이니[마:리니] 하지 않는 편이 낫다는[낟:따는] 부정적인[부:정저긴] 의미를[의:미를] 내포하고[내:포하고] 있죠.

하지만 큰 의미가[의:미가] 없는[엄:는] 수다도 우리 생활에 꼭 필요하고[피료하고] 활력소가[활력쏘가] 될 수 있습니다.

수다는 스트레스가 많은[마:는] 일상을[일쌍을] 사는[사:는] 우리들에게 긍정적인[긍:정저긴] 의미로[의:미로] 재발견[재:발견] 되고 있습니다.

Tip. 목소리가 만들어지는 신체의 기관

음성을 만들기 위한 신체기관은 호흡기관, 발성기관, 조음기관, 공명기관으로 나눈다. 발성하기 위해서는 공기라는 에너지가 필요하고, 이런 에너지를 제공하는 대표

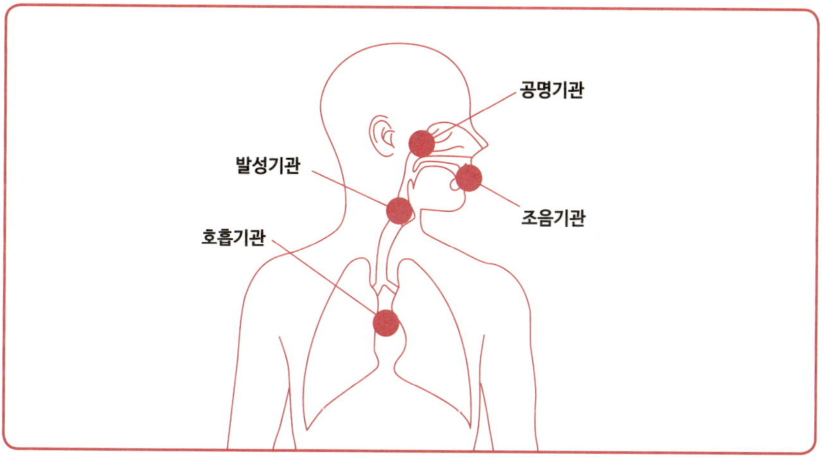

적인 호흡기관이 폐다. 폐에서 나오는 공기를 조절하게 되는 성대를 좁은 의미의 발성기관이라 한다. 성대는 얇고 예민한 한 쌍의 근육이며, 마치 입술처럼 열리고 닫히고 떨리고를 반복하며 공기의 흐름을 조절한다. 성대의 입구를 성문이라 하며 이 성문을 통과하여 나온 공기로 여러 가지 음성을 만들어낸다. 조음기관은 구강(입안)과 비강(코안)의 모든 기관을 가리킨다. 성문을 통과한 공기는 인두라고 하는 목구멍의 윗부분을 지나 목젖 근처에 이르게 되고, 목젖은 공기를 구강으로 보낼 것인지 비강으로 보낼 것인지 결정한다. 구강의 조음기관은 크게 둘로 나뉜다. 치아, 치조, 경구개 등 잘 움직이지 못하는 것은 고정부라 하고, 입술과 턱, 혀는 잘 움직이므로 능동부라 한다. 공명기관은 얼굴 내의 텅 빈 곳으로 성대를 통하여 만들어진 소리를 진동을 통하여 증폭 또는 감소시키는 역할을 하며 음색을 결정한다.

1회를 마치며 check!

연습 때마다 목소리를 녹음해 스스로 평가해보자.

호흡이 안정되어 있고 여유가 있는가?

힘 있는 발성이 되고 있는가?

발음의 전달력이 좋은가?

톤은 상황에 맞게 자연스럽게 조절되고 있는가?

말 안에 담겨 있는 표현력과 감정전달은 좋은가?

THIRTY MINUTES 30분

2.

밝은 표정을 가진 사람의 목소리는 결과가 다르다

운동 전에도 준비운동을 해야 몸에 무리가 가지 않듯 소리를 내기 전에도 준비가 필요하다. 온몸의 긴장이 풀릴 수 있도록 스트레칭을 하는 것이 중요하다. 그리고 얼굴 근육, 혀, 입술 등을 풀어줘야 한다. 정확한 발음과 시원한 발성을 원한다면 윤활유 역할을 하는 조음기관을 제대로 푸는 것이 중요하다.

오늘 30분의 목표

1. 소리를 내기 전 워밍업
2. 조음기관 제대로 풀기

온몸 스트레칭

목소리를 연습하기 전에 머리와 어깨, 허리를 돌리고 몸을 터는 동작으로 긴장을 완화하도록 한다.

-머리 돌리기

-허리 돌리기

-허리 숙이기

-어깨 돌리기

-팔 돌리기

조음기관 풀어주기

1. 양 뺨을 풍선처럼 빵빵하게 부풀려 입안의 공기를 다양하게 이동시켜본다.

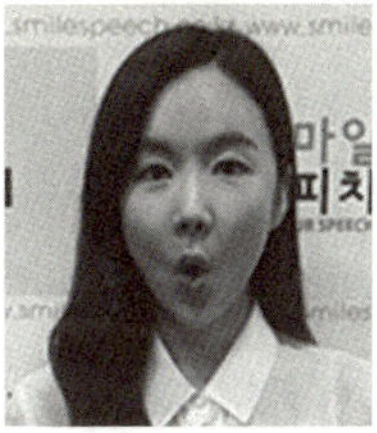

2. 똑딱똑딱 정확하게 소리를 내며 시계 초침 훈련을 한다.

3. 입안에서 혀를 이리저리 이동시키고 쭉 빼고 씹어보며 풀어준다.

4. 두 손을 비벼 열을 낸 후, 얼굴에 가져다 마사지해준다.

5. 립트릴(입술떨기) 연습을 한다.

립트릴(lip tril) 연습은 우리가 발성이나 가창을 하기 전에 목을 푸는 데 있어서 간단하고 좋은 준비 운동이다. 실제 립트릴은 호흡을 고르게 사용할 수 있도록 돕고 일정한 볼륨을 유지하는 감을 익힐 수 있다. '부르르르'하는 소리를 내는 게 어렵다면 그냥 입술만 떨리게 하기보다 양손을 볼에 대고 볼을 살짝 눌러서 볼 주변 근육이 긴장되지 않고 고르게 입술이 떨릴 수 있도록 연습해보길 바란다. 차츰 익숙해진다면 다양한 톤으로 변화하여 꾸준히 연습해보자.

텅트릴(tongue trill) 연습은 발음을 정확하게 하기 위한 준비과정으로 혀를 빠르게 떠는 것이다. 혀를 입천장에 굴려주며 '아르르르르르르ㄹㄹㄹㄹㄹ~'하는 소리를 내는 것이다. '아'의 소리에서 출발해 '이'의 입 모양으로 빠르게 변화해야 한다. 혀만 떨리고 소리가 실리지 않는다면 호흡을 길게 들이마셔서 공기를 충분히 내보낼 수 있도록 한다. 그리고 복부근육을 이용해 힘 있는 소리를 만들어보자.

오늘의 훈련

소리 내어 읽으며 연습하세요
(밝은 표정으로 글을 또박또박 읽는 것이 중요하다)

단순하면서도 사소해 보이는 연습에는[연:스베는] 강력한[강녀칸] 이점이[이:쩌미] 있다. 일단 관계가[관계가/관게가] 더 만족스러워진다. 우리는 종종[종:종] 사랑하는 사람의[사:라메] 가치를 모르다가 그들과 떨어지고 나서야 소중함을[소:중하믈] 깨닫곤 한다. 자녀가 대학에[대:하게] 다니기 위해 집을 떠난 후에야 '함께 있을 때 더 신경 써줄걸' 하고 생각하는[생가카는] 식이다. 이 연습을[연:스블] 하면, 소중한[소:중한] 사람이[사:라미] 곁에[겨테] 있을 때 그의 존재를 소중히[소:중히] 여기게 되어 이런 후회를[후:회를] 하지 않게[안케] 된다. 사랑하는 사람들이[사:람드리] 곁에 있음을[이쓰믈] 기뻐하는 것에 주의를[주:이를] 집중하면, 그들을 더 소중하게 여기고 그들과 함께 있음을 더 즐기게 되어 더 행복해지고[행:보캐지고] 관계도[관계도/관게도] 더 돈독해진다[돈도캐진다].

또 다른 강력한[강녀칸] 이점은[이:쩌믄] 매우 행복해진다는[행보캐진다는] 것이다. 우리는 기쁜 순간을 놓치는[논치는] 경우가 너무나 많다[만:타]. 기쁨에 주의를[주:의를/주이를] 기울이지 않기[안키] 때문이다. 이 연습은[연:스븐] 기쁨을 그저 인지하기만 하는 것이 아니라 그것에 완전히 집중해[집쭝해] 온전히 즐길 수 있게 해준다. 기쁨이 커지는 한편 무엇보다 감사의[감:사에] 마음이 따라온다. 이로써 삶의[살:메] 작은[자:근] 기쁨들을 완전히 즐기는 것은 물론 이 기쁨들을 당연시하지 않고 더 감사하게[감사하게] 된다.

《기쁨에 접속하라》 중에서_차드 멩 탄 저

2회를 마치며 check!

연습 때마다 목소리를 녹음해 스스로 평가해보자.

호흡이 안정되어 있고 여유가 있는가?

힘 있는 발성이 되고 있는가?

발음의 전달력이 좋은가?

톤은 상황에 맞게 자연스럽게 조절되고 있는가?

말 안에 담겨 있는 표현력과 감정전달은 좋은가?

THIRTY MINUTES
30분

3.
한 박자 쉬고 두 박자 쉬고 너의 호흡에 집중하라

호흡은 우리 몸과 밀접하게 연결되어 있다. 마음의 안정을 찾고 듣기 편안한 소리를 내기 위해서는 안정적인 호흡이 다져져 있어야 한다. 제대로 된 호흡법을 알고 소리에 적용할 수 있어야 한다.

오늘 30분의 목표

1. 복식호흡 제대로 알기
2. 호흡과 발성의 연결 알기

호흡에 대해

폐는 3리터 정도의 공기를 저장하고 있으며 0.5리터의 공기를 규칙적으로 활용하고 있다. 대략 5초마다 숨을 쉬고 있으며 내쉴 때만 말을 하고 있다. 올바른 호흡법을 갖추고 있어야만 힘 있는 발성이 가능해지고, 소리에 힘이 실려야 발음도 정확해질 수 있다. 호흡의 바탕이 되는 것이 바로 복식호흡인데, 복식호흡에 대해서 누구나 한 번쯤은 들어본 적이 있을 것이다. 흔히 복식호흡은 어려운 것이라 생각하지만 사실 누구나 할 수 있다.

태어나기 전 아기들은 엄마 뱃속에서 복식호흡을 한다. 아기들이 태어났을 때도 흉곽의 발달 미숙으로 배로 호흡하게 된다. 이는 편안하게 잠든 아기의 모습을 보면 배가 움직이는 모습으로 확인할 수 있다. 이처럼 누구나 태어남과 동시에 복식호흡을 하고 있지만, 생활습관과 환경 때문에 간편한 흉식호흡으로 바뀌어버린 것이다.

과거의 사람들은 1분에 8~9회 정도 호흡을 했다면, 현대인은 2배 정도 빨라진 1분에 15회 정도 호흡을 한다. 1회 호흡의 시간이 짧아진 빠른 호흡을 하고 있다는 것이다. 이런 얕은 흉식호흡은 신체,

정신적인 불균형을 만들어낼 수 있다. 구체적으로 이야기하자면 얕은 호흡은 산소가 충분히 흡수되지 않아 신진대사가 힘들어지고 두통, 불면증 등의 여러 가지 문제를 발생시킨다. 또한 호흡량에서도 큰 차이가 나는데 흉식호흡은 어깨가 들썩이며 가슴 부위로만 호흡을 하기 때문에 공기를 많이 저장하기 어렵다. 또한, 오랫동안 흉식호흡을 한 사람은 상대적으로 작은 스트레스에도 격렬하게 반응하며 신경을 민감하게 만들어 악순환으로 이어진다. 반면에 복식호흡은 더 많은 양의 공기를 들이마시고 저장할 수 있다. 어떤 호흡을 하고 있는지 육안으로 살펴보면 흉식호흡은 어깨를 들썩이고 가슴 부분이 움직이는 것을 볼 수 있다. 이와 달리 복식호흡은 어깨나 가슴이 움직이지 않고 숨을 들이쉴 때 배가 나오고 숨을 내쉴 때 배가 들어가는 모습을 보인다. 목소리 또한 깊고 둥근 소리로 멀리까지 울릴 뿐만 아니라 상대에게 안정되고 부드러운 느낌을 주게 된다. 느리고 긴 호흡은 부교감신경이 활성화해 뇌파도 안정적으로 변하게 된다.

복식호흡을 해야 하는 첫 번째 이유는 힘 있고 유연한 발성을 할 수 있기 때문이다. 아랫배 깊숙이 들여 마신 숨을 힘차게 내쉬면서 말을 할 때, 힘 있는 좋은 목소리를 낼 수 있고 음양 폭이 넓어진다. 더불어 목소리가 떨리는 것도 완화해준다. 두 번째는 모두가 꿈꾸는 안정된 스피치를 할 수 있도록 도와준다. 말을 할 때의 호흡량은 비교적 깊고 커야 강약조절이 가능하고 안정된 스피치를 할 수 있다. 말의 속도를 잡아주고 음색이 깊어져 감정 표현에도 좋다. 세 번째는 복식호흡이 우리 몸의 자율신경 중 부교감 신경을 자극해 스피치할 때의 초조, 불안, 긴장의 상태를 완화해준다. 이처럼 장점이 많은 복식호흡을 생활화하는 것이 좋다.

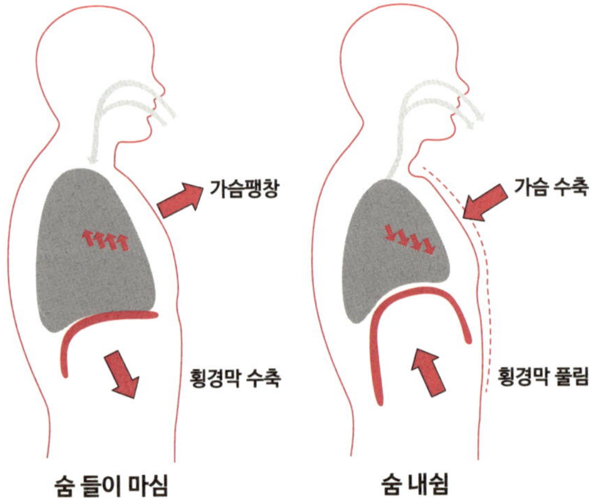

복식호흡 훈련

0. 준비 자세

–두 다리를 어깨너비로 또는 약간 좁게 벌리고 발끝을 11자로 모아준다.

-허리와 어깨를 펴고 고개를 똑바로 세우고 턱을 약간 당기면서 어깨에 힘을 빼준다.

1. 들숨

-1부터 4까지 마음속으로 세면서 공기를 코로 들이마신다.

-힘을 빼고 숨을 들이쉴 때 배 전체가 최대한 팽창되면서 배가 나온다. 이때 앞가슴이나 어깨, 목의 균형을 유지해야 한다. 특히 어깨가 들썩이지 않도록 유의하자.

-횡격막은 수축하며 아래로 내려간다.

-익숙해지면 상복부와 중복부의 흡입 동작을 민첩하게 빠르게 움직이도록 연습하자.

2. 정지

호흡을 흡입한 뒤 멈춘다. 이때 움직이지 않은 상태에서 1에서 2까지 마음속으로 센다. 허리나 목 등을 긴장하지 않도록 한다.

3. 날숨

-날숨 때는 처음 순간에 중복부(배꼽주변)가 약간 앞으로 들어간다. 그리고 천천히 배가 조금씩 들어간다.

-1부터 8까지 숫자를 세면서 숨을 내쉰다.

–배기 때에 S 발음(치찰음 '스~' 발음)이 거의 들리지 않도록 소리를 내되, 고르게 나도록 연습해야 한다.
–횡격막은 이완되며 위로 올라간다.

4. 응용

–2초간 숨을 들여 마셨다가 4초간 내쉰다.
–5초간 숨을 들여 마셨다가 10초간 내쉰다.
–8초간 깊게 들이쉬고 16초간 서서히 내쉰다.
(점차 세는 수를 늘려서 익숙해지도록 연습한다.)

이 호흡을 바탕으로 소리에 적용하기 위해서는 날숨 시(공기가 빠져나가고 배가 들어갈 때)다.

호흡 시간 체크 및 호흡 늘리기

2초 동안 숨을 충분히 여유 있게 들이마신 후, 그 공기를 활용해서 "안녕하세요 안녕하세요 안녕하세요 안녕하세요 안녕하세요~"라고 중간에 숨을 쉬지 않고 반복해서 이야기해보자. 호흡이 다 할 때까지 소리를 뱉는다. 익숙하게 되면, 점점 시간을 늘려가 보자.

호흡과 발성의 연결

호흡 연습을 하다가 발성을 해보라고 하면 호흡 연습을 한 사실을 까맣게 잊은 채 소리를 내려고 한다. 하지만 발성은 호흡의 연결이다. 호흡 따로 발성 따로가 아니다. 호흡이 기본이며 그 위에 소리를 얹는다고 생각하면서 소리를 내보자. 그리고 허리를 숙이고 힘을 뺀 상태로 시간을 늘려가며 반복해본다.

스~(호흡을 들이마시고) → 아~(소리를 내본다)

한 줄씩 복식호흡으로 소리 내보자

('가갸거겨고교구규그기'를 한 호흡으로 소리 내도록 하자)

/ 가갸거겨고교구규그기 / 나냐너녀노뇨누뉴느니
/ 다댜더뎌도됴두듀드디 / 라랴러려로료루류르리
/ 마먀머며모묘무뮤므미 / 바뱌버벼보뵤부뷰브비
/ 사샤서셔소쇼수슈스시 / 아야어여오요우유으이
/ 자쟈저져조죠주쥬즈지 / 차챠처쳐초쵸추츄츠치
/ 카캬커켜코쿄쿠큐크키 / 타탸터텨토툐투튜트티

/ 파퍄퍼펴포표푸퓨프피　/ 하햐허혀호효후휴흐히

입을 크게 열고 복식호흡으로 연습

숨을 들이마시고 '가나' 두 음가를 힘 있게 소리 낸 뒤, 또다시 숨을 들이마시고 '다라'로 이어나가며 소리 낸다.

가나/다라/마바/사아/자차/카타/파하

거너/더러/머버/서어/저처/커터/퍼허

개내/대래/매배/새애/재채/캐태/패해

고노/도로/모보/소오/조초/코토/포호

구누/두루/무부/수우/주추/쿠투/푸후

그느/드르/므브/스으/즈츠/크트/프흐

기니/디리/미비/시이/지치/키티/피히

호흡을 뱉으면서 짧게 끊어 소리내기

복식호흡으로 하되, 스타카토 기법으로 힘 있게 끊어 소리 낸다.

어 어 어 어 어 어 어 어 어 어 어 어

엇 엇 엇 엇 엇 엇 엇 엇 엇 엇 엇 엇

허 허 허 허 허 허 허 허 허 허 허 허

헛 헛 헛 헛 헛 헛 헛 헛 헛 헛 헛 헛

오늘의 훈련 소리 내어 읽으며 연습하세요

보다 평화롭고 보다 사랑스런 존재가 되기 위해 펼칠 수 있는 아름답고 따뜻한[따뜨탄] 전략[절:략] 하나는 다른 사람에게[사:라메게] 올바를 수 있는 기쁨을 허용하는, 말하자면[말:하자면] 다른 사람에게 공을 돌리는 것을 연습하는[연:스파는] 일입니다[이:림니다]. 다른 사람을 바꾸려는 일을[이:를] 멈추십시오. 이 버릇을 버리는 것이 제아무리 어려워 보여도 그만한 노력을 기울일 가치는 충분히 있습니다. 수백[수:백] 가지에 이르는 대화상의 '편집 기술'을 동원하든가, 아니면 "아니야, 이게 더 중요해[중:요해]." 하며 별안간 대화에[대:화에] 끼어들기보다는 "나는 정말로[정:말로] 그게 중요하다고 느껴"라는 식으로 말하면서 그 사람의 발언을[바러늘] 그냥 살려주도록 하십시오. 그러면 당신의 삶에[살:메] 등장하는 사람들은 보다 덜[덜:] 방어적인 존재로 변함과[변:함과] 동시에 보다 사랑스런 존재가 될 것입니다.

《사소한 것에 목숨 걸지 마라》 중에서_리처드 칼슨 저

Tip. 성대의 모양은 어떻게 생겼을까?

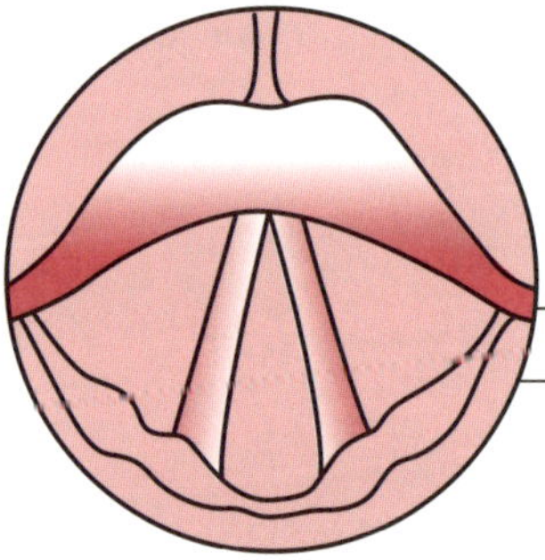

성대는 두 개의 점막 주름이 V자처럼 이루어져 있다. 이 주름을 통해 공기가 지나가면서 목소리를 만들어낸다. 성대는 공기를 들이쉴 때 점막 주름이 이완되면서 열리고, 숨을 참거나 목소리를 낼 때는 긴장되어 좁아진다. 남성 성대의 길이는 평균

2cm로 여자의 성대보다 굵고 길다. 어린이와 여자의 성대는 이보다 가늘고 짧기(어린이 0.9cm, 여성 1.5cm) 때문에 성대 주름이 떨리는 횟수가 남성은 적고, 어린이와 여성은 많다. 이러한 차이는 성별, 나이, 사람에 따라 목소리 굵기와 높이가 다른 특성을 갖게 한다. 따라서 한 사람이 내는 목소리는 성대 주름이 진동하는 폭에 따라 높게 나기도 하고, 낮게 나기도 한다.

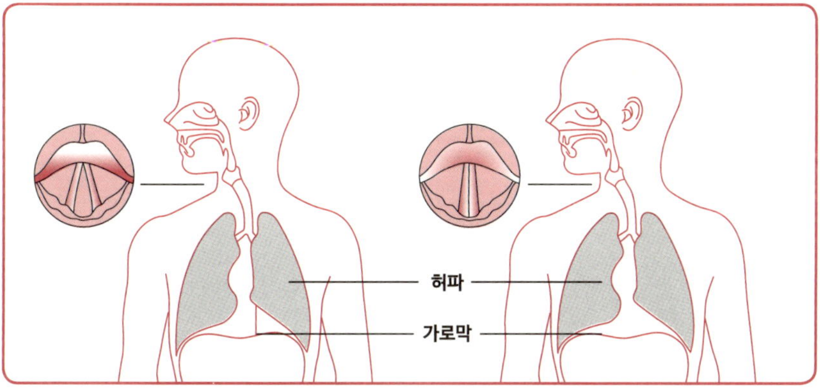

숨을 쉴 때(성대가 열림)　　말할 때(성대가 닫힘)

폐에서 올라오는 호흡 기압이 남성 성대의 좁아진 성대 틈을 통과하면서 성대가 열리고 닫히며 여러 발성 기관과 함께 공명 현상을 일으키며 발성을 하게 된다.

3회를 마치며 check!

연습 때마다 목소리를 녹음해 스스로 평가해보자.

호흡이 안정되어 있고 여유가 있는가?

힘 있는 발성이 되고 있는가?

발음의 전달력이 좋은가?

톤은 상황에 맞게 자연스럽게 조절되고 있는가?

말 안에 담겨 있는 표현력과 감정전달은 좋은가?

4.

첫인상을 결정하는 목소리의 비밀을 알아채라

앞서 좋은 목소리는 선천적인 자질도 중요하지만, 대부분은 후천적으로 만들어진다고 강조했다. 매일 우리는 대화하며 소리를 만들어내고 있다. 때로는 여러 사람 앞에서 큰 목소리로 의견을 피력하기도 한다. 그렇다면 과연 우리는 제대로 된 발성을 하고 있는 걸까?

오늘 30분의 목표

1. 제대로 된 발성의 필요성 알기
2. 발성 시 배의 변화 알기

오래 이야기하면 목이 아파 잘못된 발성을 하고 있는지 의문이 생긴다면 아래 사항을 체크해보자.

- 발성할 때마다 소리가 뒤집힌다.
- 목소리를 일정하게 내기 어렵다.
- 오래 이야기하면 목이 따끔따끔 아프다.
- 큰 소리를 내면 목이 자주 쉰다.
- 발성할 때마다 목소리가 달라진다.

하나라도 해당한다면 발성을 어떻게 하는지부터 살펴보자.

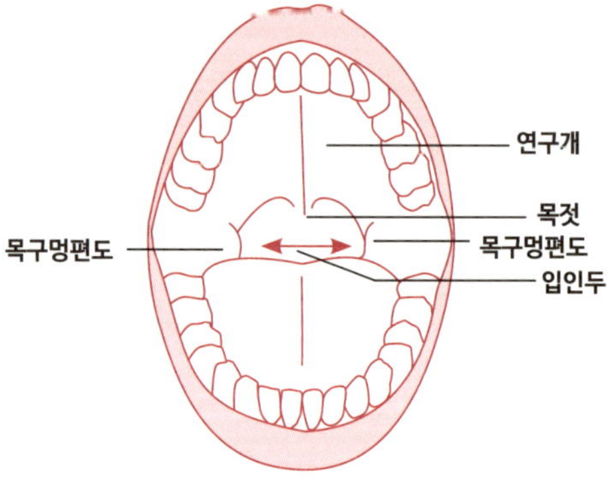

입을 크게 벌렸을 때 목구멍의 입구 부분에서 목젖까지 내려오는 부분을 아치라고 한다. 아치가 잘 보이며 성대가 잘 열리는 사람은 저음의 굵은 목소리가 나며 아치가 잘 안 보이는 사람은 고음의 가는 목소리를 내게 된다. 안정된 소리를 만들기 위해서는 아치를 여는 것이 좋은데 하품을 할 때 자연스럽게 연구개가 들리며 아치가 열리게 된다. 따라서 하품할 때의 느낌과 입 모양을 기억하며 소리를 내보자.

하~(아치를 열고) → 아~(소리를 내본다)

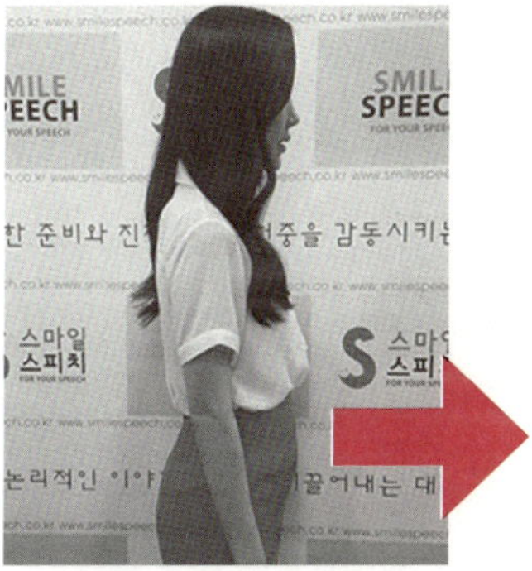

(**소리를 내기 전**-공기를 들이마시며 배가 나온다)

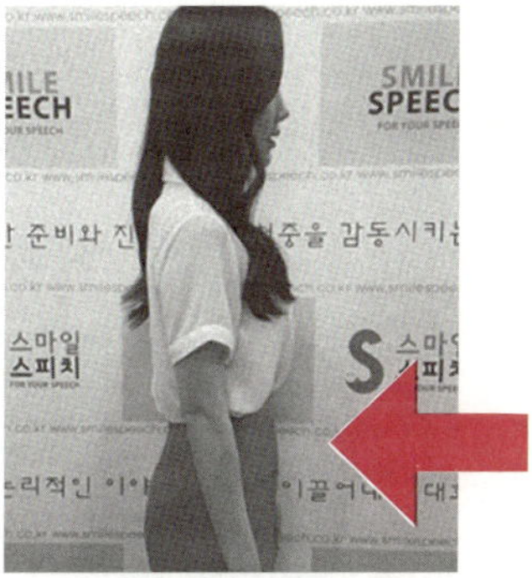

(**소리를 내면서**-공기를 내뱉으며 배가 들어간다)

크고 시원한 발성 만들기

바르게 서서 그리고 허리를 숙여서 소리를 내보고 비교해보라. 허리를 숙이면 자연스럽게 배에 힘이 더 들어가게 된다.

바른 자세로 vs 허리 숙이고

아~(5초)

아~(10초)

아~(15초)

문장을 한 글자씩 짧게 끊어 소리 내어 읽는다

자! 신! 있! 는! 데! 도! 여! 유! 있! 는! 말! 투!

나!는!할!수!있!다!당!당!하!고!자!신!있!!는!스!피!치!

웃!으!면!서!이!야!기!해!요!긍!정!의!스!마!일!스!피!치!

힘 있게 소리 멀리 던지기

두 사람이 있다면 서로의 소리를 주고받는다. 서로의 소리에 주눅 들지 말고 당당하게 소리를 던져야 한다. '소리를 먹는다'라고 생각되는 때가 있다. 소리를 내고 있으나 다시 소리가 되돌아오는 경우인데, 소리가 눈에 보인다고 생각하며 자신 있게 밖으로 던져보자.

아!(주고) 아!(받기) 아!(주고) 아!(받기)
하!(주고) 하!(받기) 하!(주고) 하!(받기)
안녕하세요!(주고) 안녕하세요!(받기)
반갑습니다!(주고) 반갑습니다!(받기)
감사합니다!(주고) 감사합니다!(받기)
고맙습니다!(주고) 고맙습니다!(받기)

다리 들고 원고 읽기

여러분, 행복하고 싶은가요/
그렇다면 주위를 둘러보세요/
행복은 멀리 있는 것이 아니라 /

가까운 곳에 있습니다/

나의 행복은/

스스로가 만들 수 있습니다/

거울은 혼자 웃지 않습니다/

내가 먼저 미소를 보냅시다/

아래의 문장들을 입을 크게 벌리고 천천히 소리 내본다

ㅇ과 ㅎ이 들어 있는 문장으로 목의 아치를 둥글게 열자.

영웅이의 농장에 먹음직한 열매가 주렁주렁 열렸습니다.

학교를 마친 후 동생과 오롯이 공부만 했습니다.

아버지와 어머니께서는 우리와 함께여서 항상 행복하다고 하셨습니다.

아침에 지하철에서 내려서 언덕 위로 걸어 올라갔습니다.

아리랑 아리랑 아라리요. 아리랑 고개를 넘어간다.

영희는 우유를 한 통 사서 하윤이에게 안겨줬습니다.

하하하 크게 웃으며 사랑한다 이야기했습니다.

오늘의 훈련 | 소리 내어 읽으며 연습하세요

북극의[북끄게] 들판을[들:파늘] 여행하는 카리부, 그리고 이 땅에 사는[사:는] 사람들의[사:람드레] 삶을[살:믈] 생각할[생가칼] 때면 나는 늘 한 늙은[늘근] 인디언을 생각한다[생가칸다]. 위대한 알래스카. 이제 그곳에서[그고세서] 한 시대가 확실하게[확씰하게] 막을 내리려고 한다. 카리부의 여행을 뒤쫓으면서[뒤:쪼츠면서] 나는 아름다운 알래스카의 자연 속으로[소:그로] 이끌렸고, 이 땅에서 소용돌이치는 다양한 일들과[일:들과] 만나게 되었다. 자연이란 인간의[인가네] 삶[삼:] 바깥에[바까테] 있는 것이 아니라, 사람의[사:라메] 삶마저[삼:마저] 포괄하는[포:괄하는] 것이다. 아름답고, 잔혹하고[잔호카고], 그리고 작은[자:근] 것에서 큰 상처를 받는 것이 자연이다. 자연은 강하고 연약하다[여:냐카다]. 인간의 삶이[살:미] 그림이 되는 순간이 있다

《알래스카, 바람 같은 이야기》 중에서_호시노 미치오 저

4회를 마치며 check!

연습 때마다 목소리를 녹음해 스스로 평가해보자.

호흡이 안정되어 있고 여유가 있는가?

힘 있는 발성이 되고 있는가?

발음의 전달력이 좋은가?

톤은 상황에 맞게 자연스럽게 조절되고 있는가?

말 안에 담겨 있는 표현력과 감정전달은 좋은가?

THIRTY MINUTES 30분

5.

울림이 있는 발성을 감동의 목소리로 연결시켜라

공명이란 함께 공(共)자에 울 명(鳴)자를 써서 함께 울린다는 뜻으로, 진동하여 음을 발생시켜 그 진동이 퍼져나가는 것을 말한다. 그 진동의 울림이 편안한 감동을 주는 소리를 만들어낸다. 감동의 목소리를 만들어보자.

오늘 30분의 목표

1. 공명 제대로 이해하기
2. 안면 발성하기

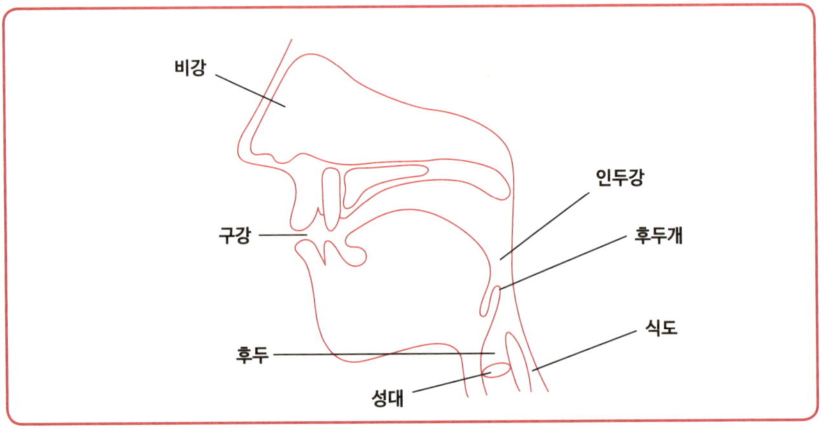

얼굴 공명은 비강, 구강, 인두강에서 울림을 만들어낸다. 이 세 곳의 울림이 조화를 이뤄내어 매력적인 음색을 만든다.

비음이 많이 느껴진다는 것은 코에서 소리가 많이 흘러나온다는 말이다.

"논문에 없는 근거 없는 그런 이야기하지마."

[놈문에 엄는 긍거 엄는 그렁 이야깅하디망]

[ ] 안의 글처럼 발음하는 사람은 ㄴ, ㅁ, ㅇ을 제외한 소리가 코

에서 만들어지거나 불필요하게 비음을 섞어 소리 내게 되면 비음화가 되어 막힌 듯한 코맹맹이 소리가 나는 것이다. 선천적으로 타고난 비음 발성이라고 생각하며 포기하지 말고 정확한 자음의 위치를 찾아, 구강 발성을 통해 연습한다면 답답한 발성에서 벗어날 수 있다.

몸의 긴장을 풀고 비강, 구강, 인두강등 어떤 부분을 통해 소리를 내더라도 기관의 위치를 파악해서 그 주위로 소리를 보내야 울림이 있는 좋은 소리를 만들어낼 수 있다.

진동으로 공명 만들기

공명의 소리를 만들어내기 위한 방법으로 '음~' 소리를 내며 공명을 느껴보자. 이 훈련 방법을 반복하면 소리에 안정감이 생기고 편안한 발성을 할 수 있다.

음~소리를 느끼며 5회 반복한다.

음음음음음음음음음음음음

아아아아아아아아아아아아

마마마마마마마마마마마마

자, 이번에는 음~ 소리와 함께 호흡을 뱉으면서 길게 소리 내본다.

음~(2초) 가~

음~(2초) 나~

음~(2초) 다~

·

·

음~~(2초) 하~

가~하까지 계속해서 소리 낸다.

그리고 의미를 넣은 단어에서 문장으로 연결시켜 소리 낸다.

음~(2초) 스~

음~(2초) 마~

음~(2초) 일~

음~두울~

음~세엣~

음~네엣~

음~다섯~

음~여섯~

음~일곱~

음~여덟~

음~아홉~

음~여얼~

음~안녕~

음~안녕하세요~

음~반갑습니다~

목구멍을 열고 첫 음을 잡아 소리를 내고 그 뒤의 모음에는 풍부한 공명을 담아 두 톤 위로 올려본다.

(피아노에서 첫 음이 '도'라면 뒤의 소리는 '미'가 되는 것이다)

가~아~

나~아~

다~아~

라~아~

마~아~

바~아~

사~아~

아~아~

자~아~

차~아~

카~아~

타~아~

파~아~

하~아~

얼굴의 공명을 충분히 느끼며 읽어 본다. 음~ 소리에서 울림을 잘 만들어내어 읽기를 시작한다.

(한 음가를 낼 때마다 울림이 있는 목소리를 만든다는 생각으로 공명을 느껴보며 소리를 내보자)

음~~태~산~이~높~다~하~되~ 음~~하~늘~아~래~뫼~이~로~다~

음~~오~르~고~또~오~르~면~ 음~~못~오~를~리~없~건~마~는~

음~~사~람~이~제~아~니~오~르~고~ 음~~뫼~만~높~다~하~더~라~

양사언 시조

아래의 대본을 참고해 운율을 느끼며 공명으로 허밍하며 해보자

산토끼

산토끼 토끼야 어디를 가느냐

(음음음 음음음 음음음 음음음)

깡충깡충 뛰면서 어디를 가느냐

(음음음음 음음음 음음음 음음음)

산고개 고개를 나 혼자 넘어서

(음음음 음음음 음음음 음음음)

토실토실 알밤을 주워서 올테야

(음음음음 음음음 음음음 음음음)

오늘의 훈련	소리 내어 읽으며 연습하세요 (공명의 소리를 만들어낸다고 생각하며 울림에 유의해 글을 읽어보자)

네가 말을[마:를] 더듬어도 엄마는 너를 사랑한다.

세상[세:상] 사람은[사:라믄] 다[다:] 너에게 문제가[문:제가] 있다 해도. 엄마는 너를 사랑한다.

지체부자유자라도 너를 사랑하고, 공부 못해도[모:태도] 너를 사랑하고, 사고[사:고] 쳐도 너를 사랑한다.

이것이 엄마 마음이에요.

수능 기도는 어떻게[어떠케] 하는 것이 가장 효과적일까요[효:과저길까요]? 방법은 아주 쉽습니다[쉽:씀니다].

옆집[엽찝] 아이 시험 잘 보게 도와주세요.

그리다 넘는[남:는] 게 있거든 그때 저희도 좀 도와주세요.

이렇게[이러케] 마음의[마으메] 여유를 가지고 기도해 보세요. 그러면 이 기도는 성취될 확률이[황뉴리] 높아집니다[노파짐니다].

《엄마 수업》 중에서_법륜 저

5회를 마치며 check!

연습 때마다 목소리를 녹음해 스스로 평가해보자.

호흡이 안정되어 있고 여유가 있는가?

힘 있는 발성이 되고 있는가?

발음의 전달력이 좋은가?

톤은 상황에 맞게 자연스럽게 조절되고 있는가?

말 안에 담겨 있는 표현력과 감정전달은 좋은가?

THIRTY MINUTES

30분

6. 다양한 소리 훈련법으로 단단한 목소리의 기본기를 다져라

악기의 연주기법은 다양한 소리를 만들어내어 각양각색의 분위기를 연출해준다. 발성 훈련을 이런 기법으로 연습한다면 자신의 생각을 전달할 때 공감력 있는 목소리로 소통할 수 있을 것이다.

오늘 30분의 목표

1. 스타카토 발성과 레가토 발성 알기
2. 시 낭송을 바탕으로 발성 연습하기

스타카토 발성과 레가토 발성

스타카토 발성: 레가토와는 대비되는 지시표로 음표를 짧게 연주하는 것을 가리킨다. 모든 음 하나하나 모두 짧게 끊어 말한다.

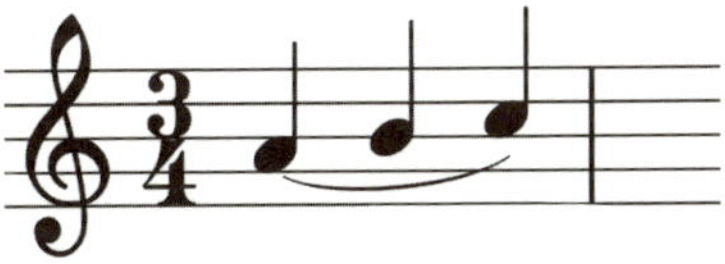

레가토 발성: 레가토는 음악에서 음과 음 사이를 끊지 말고 원활하게 연주하라는 뜻이다. 발성에서도 음과 음 사이가 끊이지 않도록 어미나 조사를 끊지 않고 길게 늘여 말한다.

스타카토 발성 훈련

아.아.아.아.아.

아.에.이.오.우

하.헤.히.호.후

안.녕.하.세.요

레가토 발성 훈련

아~아~아~아~아~

아~에~이~오~우~

하~헤~히~호~후~

안~녕~하~세~요~

시를 활용한 발성 연습

1. 힘 있는 호흡과 스타카토의 강한 발성으로 소리를 낸다.
2. 숨을 계속해서 불어넣으며 레가토의 이어지는 발성으로 소리를 낸다.
3. 충분히 소리를 냈다면 자연스러운 발성으로 감정을 살려 낭송한다.

(스타카토로)

죽.는.날.까.지.하.늘.을.우.러.러.

한.점.부.끄.럼.이.없.기.를.

잎.새.에.이.는.바.람.에.도.나.는.괴.로.워.했.다.

별.을.노.래.하.는.마.음.으.로.

모.든.죽.어.가.는.것.을.사.랑.해.야.지.

그.리.고.나.한.테.주.어.진.길.을.

걸.어.가.야.겠.다.

오.늘.밤.에.도.별.이.바.람.에.스.치.운.다.

(레가토로)

죽~는~날~까~지~하~늘~을~우~러~러~

한~점~부~끄~럼~이~없~기~를~

잎~새~에~이~는~바~람~에~도~나~는~괴~로~워~했~다~

별~을~노~래~하~는~마~음~으~로~

모~든~죽~어~가~는~것~을~사~랑~해~야~지~

그~리~고~나~한~테~주~어~진~길~을~

걸~어~가~야~겠~다~

오~늘~밤~에~도~별~이~바~람~에~스~치~운~다~

(자연스러운 발성으로)

죽는 날까지 하늘을 우러러
한 점 부끄럼이 없기를
잎새에 이는 바람에도 나는 괴로워했다.
별을 노래하는 마음으로
모든 죽어가는 것을 사랑해야지
그리고 나한테 주어진 길을
걸어가야겠다.
오늘 밤에도 별이 바람에 스치운다.

《서시》 중에서_윤동주 저

오늘의 훈련	소리 내어 읽으며 연습하세요

버리고 비우기의 최고[최:고] 경지는 욕심과[욕씸과] 집착을[집차글] 내려놓는 것'이라고 한다. 우리가 비워야 할 것은[거슨] 물건만이 아닌 것 같다. 미래에[미:래에] 대한[대:한] 걱정, 욕심, 집착. 이것들을 모두 버리고 소중한[소:중한] 것만 지니고 살아가고 싶다.

물건은 하나밖에 없으면 마지막까지 소중히 쓰고 다루지만, 많이[마:니] 가지고 있으면 아까운 줄 모르고 막 쓰게 된다. 적게[적:께] 소유하고[소:유하고] 살면 아이들도 그만큼 물건을 소중히 여기는 마음을 기를 수 있다.

우리 가족은 서로를 지배하거나 통제하지[통:제하지] 않기 위해 미니멀리스트로 살고 있다[살:고읻따]. 물건을 적게 소유하는[소:유하는] 삶을 선택한[선:태칸] 후로[후:로] 가장 먼저 내려놓은 것이 '가족을 내 식대로 뜯어고치고 싶다'는 욕심이었다. 가족의[가조게] 습관을[습꽈늘] 내 뜻대로 뜯어고치려는 욕심을 버리고 단점을[소:유하고] 이해하고[이:해하고] 수용하고 보완한다면[보:완한다면], 적게 소유하고 살면서도 마음만은 한없이[하:넙씨] 풍요로운 가정을 만들 수 있다고 믿는다.

《버리고 비웠더니 행복이 찾아왔다》 중에서_야마구치 세이코 저

6회를 마치며 check!

연습 때마다 목소리를 녹음해 스스로 평가해보자.

호흡이 안정되어 있고 여유가 있는가?

힘 있는 발성이 되고 있는가?

발음의 전달력이 좋은가?

톤은 상황에 맞게 자연스럽게 조절되고 있는가?

말 안에 담겨 있는 표현력과 감정전달은 좋은가?

THIRTY MINUTES
30분

7. 건강한 목소리가 천 리 간다는 사실을 잊지 마라

단계별 발성법은 목소리에 힘을 불어넣을 뿐만 아니라 복잡한 생각을 풀어주고 막힌 가슴을 시원하게 만들어주는 효과가 있다. 어색해하지 말고 입을 크게 벌리고 마음을 연 상태에서 배에 힘을 주고 연습해보자.

오늘 30분의 목표

1. 목소리의 크기 변화 이해하기
2. 단계별 발성 훈련하기

1단계에서 6단계까지 목소리의 크기 분류

1단계- 혼자 속삭이는 목소리

2단계- 2명의 일상적인 대화 목소리

3단계- 5명 이상의 회의 목소리

4단계- 10명 이상의 프레젠테이션 목소리

5단계- 30명 이상의 강의 목소리

6단계-100명 이상의 대중연설 목소리

1단계에서 6단계까지의 발성을 사용해 소리 내보자

위의 목소리 분류표를 참고해 목소리 크기를 6단계로 소리 내보자.

존경하는 여러분(1단계)

존경하는 여러분(2단계)

존경하는 여러분(3단계)

존경하는 여러분(4단계)

존경하는 여러분(5단계)

존경하는 여러분(6단계)

사랑하는 가족들(1단계)

사랑하는 가족들(2단계)

사랑하는 가족들(3단계)

사랑하는 가족들(4단계)

사랑하는 가족들(5단계)

사랑하는 가족들(6단계)

10단계 단계별 발성 훈련

목소리의 크기를 10단계로 조금 더 세분화시켜 소리 내보자.

하나하면 하나요(1단계)

둘하면 둘이요(2단계)

셋하면 셋이요(3단계)

넷하면 넷이요(4단계)

다섯하면 다섯이요(5단계)

여섯하면 여섯이요(6단계)
일곱하면 일곱이요(7단계)
여덟하면 여덟이요(8단계)
아홉하면 아홉이요(9단계)
열하면 열이요(10단계)

조용한 파도소리(1단계)
고요한 파도소리(2단계)
잔잔한 파도소리(3단계)
일렁대는 파도소리(4단계)
울렁대는 파도소리(5단계)
출렁대는 파도소리(6단계)
물결치는 파도소리(7단계)
휘청이는 파도소리(8단계)
폭풍치는 파도소리(9단계)
번개치는 파도소리(10단계)

거리를 생각하며 소리 내자

각각 다른 거리에 있는 사람을 부른다고 생각하고 소리 내보자.

여보세요!! (1M 거리)

여보세요!! (10M 거리)

여보세요!! (30M 거리)

여보세요!! (100M 거리)

오늘의 훈련 | 소리 내어 읽으며 연습하세요 (괄호 안의 단계별 발성에 유의하며)

디지털 시대를 살아가는 여러분은 이제부터 외국어[외:구거] 공부를 위해 들여야[드려야] 하는 시간과 노력의 상당 부분을 코딩coding 학습에[학쓰베] 쏟아야 할지도 모릅니다.(10) 코딩은 코드code라는 컴퓨터 언어를 이용해 프로그램을 만들어[만드러] 내는[내:는] 작업을[자거블] 말합니다[말:함니다].(20) 이제 인간의 언어 대신[대:신] 컴퓨터의 언어를 배우는 일이[이:리] 더욱 중요한 시대가 되는 것입니다.(30) 이미 세계[세:계] 여러 나라에서 코딩을 초등학교[초등학꾜] 정규[정:규] 과정에[과:정에] 포함시키고 있고 우리나라도 시작할[시:자칼] 예정이라고[예:정이라고] 합니다.(40) 코딩의 중요성이[중:요썽이] 부각되는 이유[이:유] 중 하나는 코딩이 단순히 기술적[기술쩍] 방법을[방버블] 익히는[이키는] 것이 아니라, 기계가 이해할[이:해할] 수 있는 언어로 기계와 소통하는 과정에서[과:정에서] 우리가 논리적 사고 체계를 가질 수 있다는 점입니다[저밈니다].(50) 배워야 할 것의[거세] 무게중심이 옮겨 가고 있습니다.(60)

《10대가 알아야 할 미래 직업의 이동》 중에서_박종서 외 저

7회를 마치며 check!

연습 때마다 목소리를 녹음해 스스로 평가해보자.

호흡이 안정되어 있고 여유가 있는가?

힘 있는 발성이 되고 있는가?

발음의 전달력이 좋은가?

톤은 상황에 맞게 자연스럽게 조절되고 있는가?

말 안에 담겨 있는 표현력과 감정전달은 좋은가?

8.

공감하고 사랑하게 되는 목소리는 온도가 다르다

뱉는다고 다 말이 되는 것이 아니라 상대방의 귀에 잘 넣어줘야만 비로소 진정한 말의 기능을 하게 된다. 발성을 잘하기 위해서는 소리가 눈에 보인다고 생각하고 소리를 보내고 싶은 방향으로 포물선의 형태로 잘 던져줘야 한다.

오늘 30분의 목표

1. 포물선 둥근 발성으로 소리내기
2. S 리듬 이해하기

첫 음을 여러 번 반복해서 소리 내며 적절한 톤을 찾은 후, 아랫배에 힘을 주고 레가토 발성을 한 다음 포물선 발성으로 연결해 소리 낸다(레가토 발성: 음과 음 사이가 끊이지 않도록 어미나 조사를 끊지 않고 길게 늘여 하는 발성법).

여~여~(첫 음 잡기)

여~러~분~/안~녕~하~세~요~/반~갑~습~니~다~(레가토 발성)

여러분/안녕하세요/반갑습니다(포물선 발성)

편~편~

편~안~하~게~/이~야~기~를~해~봅~시~다~

편안하게/이야기를 해봅시다

여러분/안녕하세요/반갑습니다

편안하게/이야기를 해봅시다

훨씬/효과적인 업무 능력으로/이어질 수 있습니다

청중의 마음을/잘 어루만지는 것이/중요합니다

당신이/가장 원하는 선택을 해야/후회가 없습니다

smile의 S! 'S 리듬법'

실제로 인간관계를 두려워하는 사람들의 말을 살펴보면 굉장히 차가운 어조를 사용하는 경우가 많다. 뾰족하고 귀에 차갑게 내리꽂히는 어투는 듣는 사람의 호감을 끌어내기가 어렵다. 그것은 내용의 차이가 아니라 말투 즉, 어투에 따라 주는 느낌이 달라지기 때문이다. S 스펠링을 옆으로 하면 파도가 물결치는 모양이 된다. 말을 할 때는 그 물결을 기억해야 한다. 물결이 출렁이는 것처럼 그 안에 리듬을 담고 이야기를 하는 것이다. S 리듬을 기억하면 말 속에 생동감과 따듯함을 품을 수 있다.

차가운 느낌 따뜻한 느낌, 말에도 온도가 있다

차가운 느낌으로 읽어보자-뾰족하게 →↘↗

인간을 포함해 모든 생명체는 물 없이는 살 수가 없습니다. 그런데 지구의 많은 사람들이 물 때문에 힘들어하고 있죠. 갈수록 심각해지는 물 부족과 오염 때문입니다. 전 세계 인구 10명 중 1명이 깨끗한 물을 마시지 못한다는 통계가 나와 있을 정도입니다. 오염된 물을 마시게 되면 배탈 등 각종 질병에 걸릴 수 있어 각별한 주의가 필요합니다. 이처럼 물 때문에 고통받는 사람들을 위해 오염된 물을 깨끗한 물로 바꾸는 기술이 개발됐다고 합니다.

따뜻한 느낌으로 읽어보자-둥글게 ↺↻↷↶

손편지를 써 본 적이 있나요? 편지는 인류의 가장 오래된 통신 수단 중 하나이지만 요즘은 쓰는 사람이 많지 않아요. 빠르고 편리한 전화와 문자, 이메일에 밀렸기 때문이죠. 하지만 여전히 손편지를 사랑하는 사람도 많아요. 편지지에 연필이나 펜으로 한 글자 한 글자 꾹꾹 눌러 쓰다 보면 자신의 감정을 고스란히 전달할 수 있다고 생각하죠. 편지는 부치는 과정에도 노력과 정성이 들어가요. 다 쓴 편지지를 봉투에 넣고 풀로 붙인 후 우체통을 찾아가 넣어야 하기 때문이죠. 그래서 편지에는 문자나 이메일에 느낄 수 없는 뭉클하고 따뜻한 정이 담겨 있습니다.

오늘의 훈련	소리 내어 읽으며 연습하세요 (포물선 발성에 유의하며)

문제 그 자체를 사랑하라

지금 당장 해답을 얻으려 하지 말라

그건 지금 당장 주어질 순 없으니까

중요한 건 모든 것을 살아 보는 일이다

지금 그 문제들을 살라

내가 인생을 다시 시작한다면

초봄부터 신발을 벗어 던지고

늦가을까지 맨발로 지내리라

춤추는 장소에도 자주 나가리라

회전목마도 사수 타리라

데이지 꽃도 많이 꺾으리라

더 많이 놀고, 덜 초초해 했으리라

진정한 아름다움은 자신의 인생을 사랑하는 데 있음을 기억했으리라

《지금 알고 있는 걸 그때도 알았더라면》 중에서_류시화 저

8회를 마치며 check!

연습 때마다 목소리를 녹음해 스스로 평가해보자.

호흡이 안정되어 있고 여유가 있는가?

힘 있는 발성이 되고 있는가?

발음의 전달력이 좋은가?

톤은 상황에 맞게 자연스럽게 조절되고 있는가?

말 안에 담겨 있는 표현력과 감정전달은 좋은가?

part 1을 마치며 점검해보자!

☐ 본인 목소리의 문제점에 대해 정확히 파악되었다.

☐ 좋은 목소리가 되기 위해 필요한 요소에 대해 알고 있다.

☐ 한 호흡으로 15초 정도의 소리를 내는 데 무리가 없다.

☐ 복식호흡을 하며 소리로 편하게 연결시킬 수 있다.

☐ 울림이 있는 소리를 만들어내는 게 어렵지 않다.

☐ 소리의 크기를 자유자재로 변화할 수 있다.

☐ 공명의 발성을 하며 얼굴의 공명이 느껴진다.

☐ 차가운 느낌 따뜻한 느낌으로 소리 낼 수 있다.

☐ 스타카토 발성과 레가토 발성의 차이를 알고 있다.

☐ 소리를 포물선 형태로 힘 있게 던져낼 수 있다.

평가

1~3개: 다시 책을 읽어보며 연습한다.

4~7개: 필요한 부분만 발췌해 다시 연습한다.

8~10개: Good~!! part 2로 넘어간다!!

PART 2

발음을 정확히 하라

헷갈리는 모음 발음 정확히 짚어주기

자음에 따른 조음점 정확히 파악하기

장단음을 명확히 알고 적용하기

모음 훈련표를 바탕으로 한 발음 연습

발음에 따른 미묘한 입 크기의 차이 알기

훈련하기 전 매일 5분 워밍업

1. 복식호흡으로 훈련 전 준비 상태 만들기

1) 들숨

-1부터 4까지 마음속으로 세면서 공기를 코로 들이마신다.

2) 날숨

-날숨 때는 천천히 배가 조금씩 들어간다.

-1부터 8까지 숫자를 세면서 숨을 내쉰다.

3) 응용

-2초간 숨을 들여 마셨다가 4초간 내쉰다.

-5초간 숨을 들여 마셨다가 10초간 내쉰다.

-8초간 깊게 들이쉬고 16초간 서서히 내쉰다.

2. 발성 연습으로 목 풀기

1) (아랫배에 힘을 주고, 목구멍을 열고) 아~(5초), 아~(10초), 아~(15초) 동안 발성한다.

2) 음~소리를 내며 공명을 느껴 보고, 가~하까지 계속해서 소리 낸다.

음~(2초) 가~ 음~(2초) 아~

음~(2초) 나~ 음~(2초) 자~

음~(2초) 다~ 음~(2초) 차~

음~(2초) 라~ 음~(2초) 카~

음~(2초) 마~ 음~(2초) 타~

음~(2초) 바~ 음~(2초) 파~

음~(2초) 사~ 음~(2초) 하~

3. 입을 크게 열고 복식호흡을 활용하여 스타카토 혹은 레가토로 큰 소리로 발성해보자.

가/나/다/라/마/바/사/아/자/차/카/타/파/하

거/너/더/러/머/버/서/어/저/처/커/터/퍼/허

개/내/대/래/매/배/새/애/재/채/캐/태/패/해

고/노/도/로/모/보/소/오/조/초/코/토/포/호

구/누/두/루/무/부/수/우/주/추/쿠/투/푸/후

그/느/드/르/므/브/스/으/즈/츠/크/트/프/흐

기/니/디/리/미/비/시/이/지/치/키/티/피/히

THIRTY MINUTES
30분

9.

익숙함에 속아 전달력의 중요성을 놓치지 마라

발음이 부정확한 사람들을 살펴보면 입술을 제대로 벌리지 않아 발음이 어눌하거나, 치아가 고르지 못해 발음이 샌다. 또한, 혀를 거의 움직이지 않아 짧은 발음이 나거나 심지어 발음이 말리기도 한다. 하지만 가장 공통적인 것이 말을 할 때 입을 거의 움직이지 않는다는 것이다. 입을 부지런히 움직여야만 정확하게 소리 낼 수 있다. 조음기관을 최대한 부지런히 움직여서 정확한 발음을 낼 수 있도록 연습해보자.

오늘 30분의 목표

1. 부정확한 발음이 원인/기본 발음 원칙 알기
2. ㅏ, ㅓ 소리내기
3. ㅗ, ㅜ 소리내기

아래의 대본을 읽고 나의 발음 상태를 체크해보자

녹음 후 다시 들으며 잘 안 되는 발음을 표시하고 메모하기(주변 사람에게 부탁해도 좋다)

한국거래소[한:국거:래소]는 오늘 오전[오:전] 시장점검회의[시:장점검회의/훼이]를 열어 최근[최:근/췌:근] 글로벌 증시의 급락[금낙]이 증시에 미치는 영향 등을 점검했습니다.

거[거:]래소는 특히 담보 부족 신용계좌[시:농계:좌/게:좌]의 반대 매매와 공매도 추이 등을 살펴보고 과도한 시 [과:도한 시:]장불안이 발생[발쌩]하지 않도록 금융투자업계[금늉/그뮹투자업꼐/업께]와 긴밀히 협의[협븨/혀비]하기로 했습니다.

또 주가 급변[급뼌]에 편승한 루머 등으로 투자 불안 심리가 조장[조:장]되지 않도록 불공정 거[거:]래에 대한 감시를 강화하고 시장[시:장]이 정상화[정:상화]될 때까지 비상시장점검회의[비:상시:장회의/훼이]를 열기로 했습니다.

두 가지로 구분한 부정확한 발음의 원인

1. 입을 크게 벌리지 않는다(모음)

(해결방안: 입 근육 사용)

2. 혀의 위치가 잘못되어 있다(자음)

(해결방안: 정확한 조음점 찾기)

기본 발음 원칙

숨을 들이쉰 후에 말하라

단어는 물론, 음절 하나까지 제대로 움직여라

입술, 혀, 턱 등 조음기관을 제대로 움직여라

고저장난을 정확히 하라

받침을 명확하게 소리 내라

발성도 시원하게 하라

말머리는 부드럽게, 말끝은 분명하게 발음하라

자음과 모음에 대한 이해에서부터 시작하자

자음은 공기의 흐름이 막혀서 나오는 소리다. ㄱ, ㄲ, ㄴ, ㄷ, ㄸ, ㄹ, ㅁ, ㅂ, ㅃ, ㅅ, ㅆ, ㅇ, ㅈ, ㅉ, ㅊ, ㅋ, ㅌ, ㅍ, ㅎ으로 19개가 있다. 모음은 공기의 흐름이 장해를 받지 않고 순조롭게 나오는 소리다. 모음은 21개이며 ㅏ, ㅐ, ㅑ, ㅒ, ㅓ, ㅔ, ㅕ, ㅖ, ㅗ, ㅘ, ㅙ, ㅚ, ㅛ, ㅜ, ㅝ, ㅞ, ㅟ, ㅠ, ㅡ, ㅢ, ㅣ이다. 그중 ㅏ, ㅐ, ㅓ, ㅔ, ㅗ, ㅚ, ㅜ, ㅟ, ㅡ, ㅣ는 단모음으로 발음한다. 발음할 때 입술, 혀가 움직이지 않는 모음으로 처음 시작할 때 나는 소리와 끝날 때 나는 소리가 같은 모음이다. 단, ㅟ, ㅚ는 원칙적으로 단모음이지만 이중모음으로 발음하는 것도 허용하고 있다. ㅑ, ㅒ, ㅕ, ㅖ, ㅘ, ㅙ, ㅛ, ㅝ, ㅞ, ㅠ, ㅢ는 이중모음이다. 이중모음은 발음할 때 입술이나 혀가 움직이는 모음으로 처음 시작할 때 나는 소리와 나중에 나는 소리가 다르다. 반모음과 단모음이 결합하여 한 음절을 이루게 된다. 예를 들면 ㅑ를 발음할 때 처음에는 반모음 ㅣ에서 시작되지만 이어서 단모음인 ㅏ로 소리 나는 것을 알 수 있다. 이처럼 이중모음은 다른 모음과 결합해 소리가 난다(표준발음법 참고).

이중모음의 결합 형태

이중모음	결합 모음
ㅑ, ㅕ, ㅛ, ㅠ, ㅒ, ㅖ	반모음(ㅣ) + 단모음(ㅏ, ㅓ, ㅗ, ㅜ, ㅐ, ㅔ)
ㅘ, ㅙ, ㅝ, ㅞ	반모음(ㅗ/ㅜ) + 단모음(ㅏ, ㅐ, ㅓ, ㅔ)
ㅢ	반모음(ㅡ) + 단모음(ㅣ)

• 오늘의 발음 훈련

ㅏ, ㅓ 소리내기

ㅏ를 발음할 때는 입을 크게 벌리고 혀는 아래쪽에 위치하도록 한다. ㅓ는 입을 다문 상태에서 아래턱을 떨어뜨리는 느낌으로 소리 낸다. 혀는 ㅏ 발음을 할 때보다 조금 더 위로 올라온다.

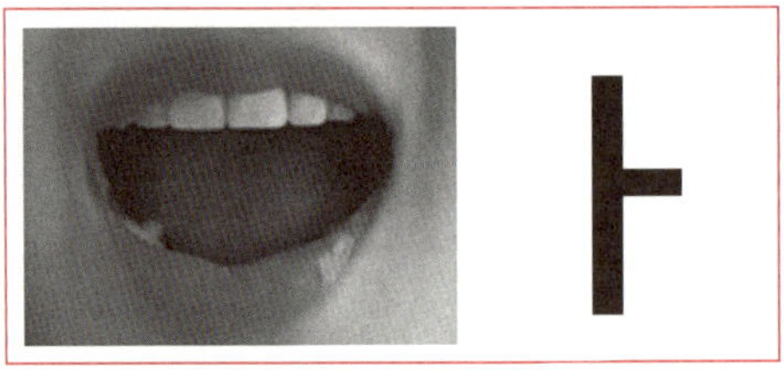

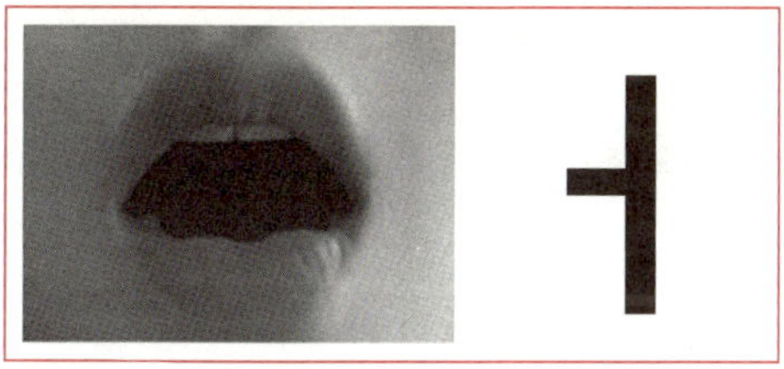

가 나 다 라 마 바 사 아 자 차 카 타 파 하

거 너 더 러 머 버 서 어 저 처 커 터 퍼 허

가지 감사[감: 사] 가마 아버지 하모니카 아가 마음 가방

거미 어린이 어머니 허수아비 저축[저: 축] 서약[서: 약] 선서

목표**가** 있는 **사람**[사: 람]은 **성**공**한다**.

어디로 **가**고 있는지 **알**기[알: 기] 때문이**다**.

ㅗ, ㅜ 소리내기

ㅗ 발음은 입술을 동그랗게 오므리고 소리 낸다. ㅜ는 ㅗ를 발음할 때보다 입을 더 작게 만들며 살짝 앞으로 밀어준다. 혀는 위쪽에 위치하게 되며 뒤로 당겨진다.

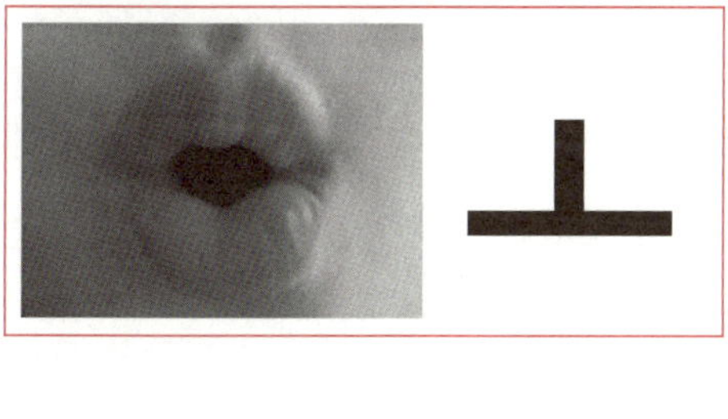

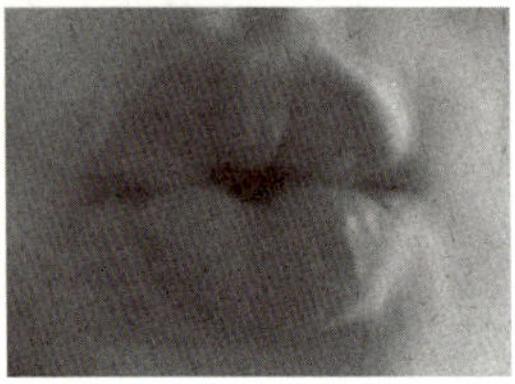

ㅜ

고 노 도 로 모 보 소 오 조 초 코 토 포 호

구 누 두 루 무 부 수 우 주 추 쿠 투 푸 후

곰[곰:] 고기 조심[조: 심] 소나기

구름 우주[우: 주] 우리 주민[주: 민]

성**공**의 크기는 열망의 깊이에 좌**우**[좌: 우]된다.

꿈을 **추구**할 용기[용: 기]만 있다면 **우**리들의 **모**든[모: 든] **꿈**이 실현된다.

오늘의 훈련 소리 내어 읽으며 연습하세요

칼로리 제한의[제:하네] 실천이 어렵다면 레스베라트롤을 섭취해 보자. 폴리페놀의 일종인[일쫑인] 레스베라트롤을 섭취하면 장수유

전자에 스위치가 켜진다는 사실이[사:시리] 밝혀졌다[발켜젿따]. 레스베라트롤은 레드 와인 등에[등:에] 포함된 항산화 물질로[물찔로] 프리라디칼을 제거하며, 암과[암:과] 치매 등의 예방에[예:방에] 효과가 있는 것으로 알려졌다. 그리고 몸을 노화로부터[노:화로부터] 지키는 폴리페놀은 레스베라트롤 이외에도[이:외에도] 다음과 같은 식품에 포함되어 있다. 사과, 브로콜리, 양파, 콩, 코코아, 녹차, 커피. 이것은 강력한[강녀칸] 항산화 작용을 하는 식품들이다.

또한 노화를[노:화를] 방지하기 위해서 '색깔이 있는 식품'을 먹자[먹짜]. 색깔이 있는 식품은 항산화 작용이 높은 성분을 포함하고 있다. 예를[예:를] 들면, 토마토를 빨갛게[빨:가케] 만드는 리코핀, 당근을 주황색으로 만드는 베타카로틴, 연어의 새먼핑크 성분인 아스타크산틴이 대표적이다[대:표저기다].

《호르몬 밸런스》 중에서_네고로 히데유키 저

9회를 마치며 check!

연습 때마다 목소리를 녹음해 스스로 평가해보자.

호흡이 안정되어 있고 여유가 있는가?

힘 있는 발성이 되고 있는가?

발음의 전달력이 좋은가?

톤은 상황에 맞게 자연스럽게 조절되고 있는가?

말 안에 담겨 있는 표현력과 감정전달은 좋은가?

THIRTY MINUTES

30분

10.

모음 훈련표를 가까이하면 누구나 아나운서가 될 수 있다

ㅡ 와 ㅣ 의 소리를 낼 때 비슷한 듯하지만 입 모양의 차이가 있으며 혀의 위치도 달라진다. 입 모양이 정확하더라도 혀의 위치가 부정확하다면 발음이 좋을 리가 없다. 모음 훈련표를 유심히 보고 소리를 내며 혀의 높이와 전후 위치를 확인해보자. ㅢ 의 경우는 글의 어느 위치에 있느냐에 따라 다르게 소리 낸다.

오늘 30분의 목표

1. 입 모양 다지기-모음 훈련표 알기
2. ㅡ, ㅣ 소리내기
3. ㅢ 발음 소리내기

모음 단련 훈련

모음의 발음은 입술의 모양과 혀의 높이, 혀의 전후 위치에 따라 달라진다. 아래의 훈련표를 보며 입 모양과 혀의 위치에 유념하며 소리내 연습해보자.

모음 훈련표

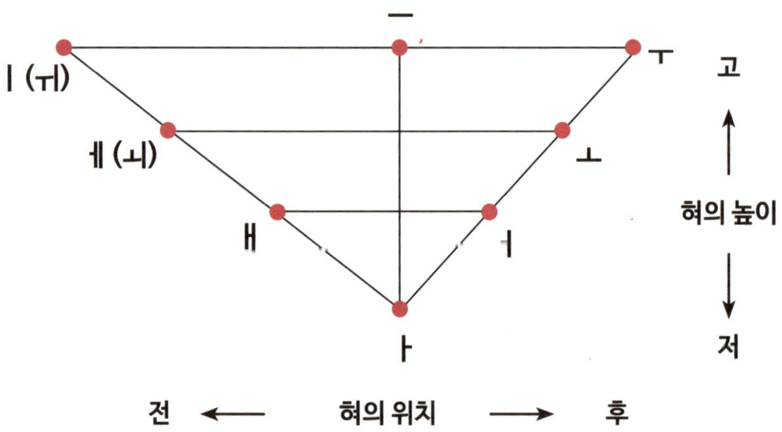

단모음 단련 훈련

단모음 발음 연습을 할 때는 ㅣ, ㅏ, ㅜ 3개의 모음을 기준점으로 이해하면 쉽다.

모음 발음 시, 입속 혀의 위치

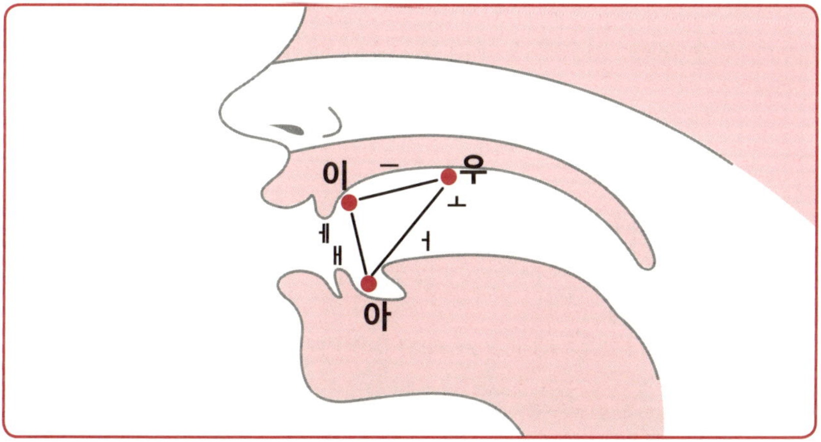

1) 혀의 앞뒤 위치에 따라

① 전설 모음: 혀의 앞쪽에서 발음되는 모음(ㅣ, ㅔ, ㅐ, ㅚ, ㅟ)

② 후설 모음: 혀의 뒤쪽에서 발음되는 모음(ㅏ, ㅓ, ㅗ, ㅜ, ㅡ)

2) 혀의 높이에 따라

① 고모음: 혀가 입천장에 가장 가까운 모음(ㅣ, ㅟ, ㅡ, ㅜ)

② 중모음: 혀의 높이가 중간인 모음(ㅔ, ㅚ, ㅓ, ㅗ)

③ 저모음: 혀가 입천장에서 가장 먼 모음(ㅐ, ㅏ)

입을 크게 벌리게 되는 모음의 발음일수록 혀의 위치는 아래로 내려가게 된다.

3) 입술의 모양에 따라

① 원순 모음: 입술을 둥글게 오므려 내는 모음(ㅗ, ㅜ, ㅚ, ㅟ)

② 평순 모음: 입술을 오므리지 않고 내는 모음(ㅣ, ㅔ, ㅐ, ㅏ, ㅓ, ㅡ)

4) 입이 열리는 정도에 따라

① 폐모음: 입이 조금 열리는 고모음(ㅣ, ㅟ, ㅡ, ㅜ)

② 반폐 반개모음: 폐모음과 개모음의 중간 정도인 중모음(ㅔ, ㅚ, ㅓ, ㅗ)

③ 개모음: 입이 크게 열리는 저모음(ㅐ, ㅏ)

혀 앞부분 단련 훈련

안따　안따따　안따따따　안따따따따　안따따따따따

엔떼 엔떼떼 엔떼떼떼 엔떼떼떼떼 엔떼떼떼떼떼

인띠 인띠띠 인띠띠띠 인띠띠띠띠 인띠띠띠띠띠

온또 온또또 온또또또 온또또또또 온또또또또또

은뜨 은뜨뜨 은뜨뜨뜨 은뜨뜨뜨뜨 은뜨뜨뜨뜨뜨

혀 가운데 부분 단련 훈련

앋짜 앋짜짜 앋짜짜짜 앋짜짜짜짜 앋짜짜짜짜짜

엗쩨 엗쩨쩨 엗쩨쩨쩨 엗쩨쩨쩨쩨 엗쩨쩨쩨쩨쩨

읻찌 읻찌찌 읻찌찌찌 읻찌찌찌찌 읻찌찌찌찌찌

옫초 옫초초 옫초초초 옫초초초초 옫초초초초초

읃츠 읃츠츠 읃츠츠츠 읃츠츠츠츠 읃츠츠츠츠츠

혀 뒷부분을 단련시키는 연습을 해보자

악까 악까까 악까까까 악까까까까 악까까까까까

엑께 엑께께 엑께께께 엑께께께께 엑께께께께께

익끼 익끼끼 익끼끼끼 익끼끼끼끼 익끼끼끼끼끼

옥꼭　옥꼭꼭　옥꼭꼭꼭　옥꼭꼭꼭꼭　옥꼭꼭꼭꼭꼭

욱꾸　욱꾸꾸　욱꾸꾸꾸　욱꾸꾸꾸꾸　욱꾸꾸꾸꾸꾸

• **오늘의 발음 훈련**

ㅡ, ㅣ 소리내기

ㅡ는 입꼬리를 옆으로 당겨주면서 앞니가 살짝 벌어진 상태에서 소리 내며, 혀는 위쪽 가운데 부분에 위치한다. ㅣ는 입꼬리를 최대한 옆으로 당기면서 혀가 위쪽 앞부분의 위치할 때 만들어지는 소리다.

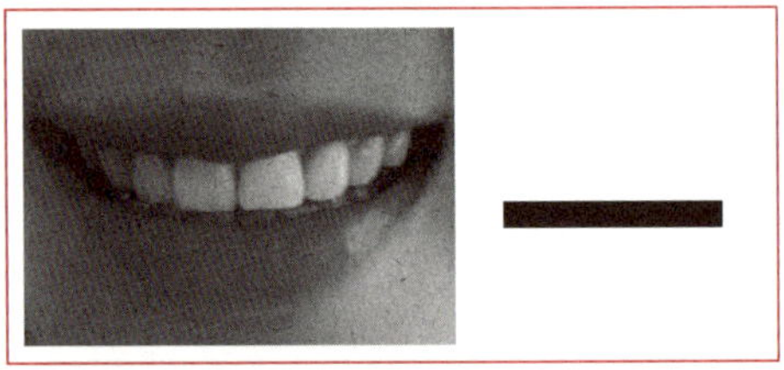

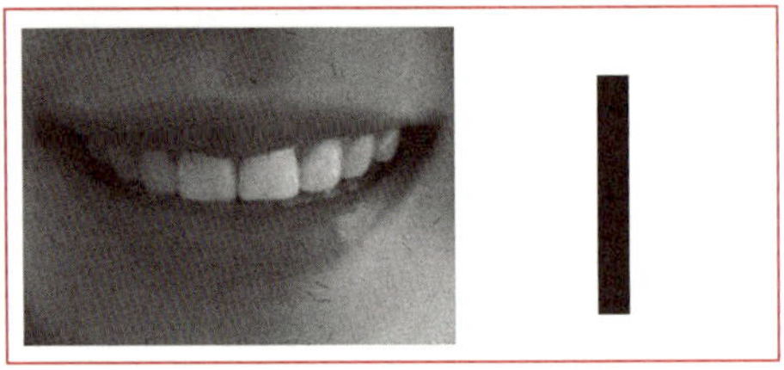

그 느 드 르 므 브 스 으 즈 츠 크 트 프 흐

기 니 디 리 미 비 시 이 지 치 키 티 피 히

드럼 스마일 스키 그녀 그림[그: 림] 그믐달[그믐딸]

나이 차이 미스코리아 아이스크림 심리학[심니학]

성공**의** **비**결**은**[비: 겨른] 남**들이** 잘 때 공부하고 남**들이** **빈**둥거릴 때 **일**[일:]하며 남**들이** **그**저 바라**기**만 할 때 꿈**을** 갖**는** 것**이다**.

모든[모: 든] 성취**의** 출발점**은**[출발쩌믄] 열망**이다**. 약한 불**이** **미**약한 열**기를** 주듯 약한 열망**은** **미**약한 결과를 안**긴다**.

헷갈리는 ㅢ 발음 정확하게 소리내기(ㅡ + ㅣ)

ㅢ는 ㅡ 소리에서 시작해 재빨리 ㅣ소리로 연결시켜 발음한다.

긔 늬 듸 릐 믜 븨 싀 의 즤 츼 킈 틔 픠 희

의원[의원], 의지[의: 지]

주의[주: 의/주: 이]

협의[혀븨/혀비]

우리의[우리의/우리에]

강의의[강: 의의/강: 이에], 강의실[강: 의실/강: 이실]

민주주의의 의의 [민주주이에 의이/민주주의의 의의]

오늘의 훈련	소리 내어 읽으며 연습하세요 (입의 모양과 ㅡ, ㅣ, ㅢ 발음에 유의하며)

벤치에 누워 다리는 바닥 위에 놓고[노코] 고정시킨다. 양손으로[양:소느로] 하나의 덤벨을 잡고[잡꼬] 팔을 올린다. 이때 덤벨의 원반에 엄지손가락을 대도록[대:도록] 한다.

숨을 들이쉰 후[후:] 팔꿈치를 자연스럽게 굽히면서[구피면서] 머리 뒤쪽으로[뒤:쪼그로] 덤벨을 내린다.

시작[시:작] 자세로 되돌아가면서 숨을[수:믈] 내쉰다[내:쉰다].

이 운동은[운:동은] 상완골의[상:완고레] 움직임을[움지기믈] 안정적으로 조절하면서 대흉근[대:흉근], 상완삼두근 장두, 대원근[대:원근], 광배근[광:배근] 그리고 전거근, 능형근, 소흉근, 견갑근 등을 발달시킨다[발딸시킨다]. 만약[마:냑] 흉곽을[흉과글] 발달시키기 위해 시행할[시:행할] 경우, 반드시 가벼운 무게로 해야 하며 팔꿈치가 너무 구부러지지 않도록[안토록] 주의한다[주:이한다]. 기울거나 수직으로[수지그로] 된 등받이가[등바지가] 있는 벤치를 사용해도[사:용해도] 된다. 운동을[운:동을] 시작할[시:자칼] 때 충분히 숨을[수:믈] 들이쉬었다가 시작[시:작] 자세로 돌아오며 내쉬도록[내:쉬도록] 한다.

《근육운동가이드》 중에서_프레데릭 데라비에 저

10회를 마치며 check!

연습 때마다 목소리를 녹음해 스스로 평가해보자.

호흡이 안정되어 있고 여유가 있는가?

힘 있는 발성이 되고 있는가?

발음의 전달력이 좋은가?

톤은 상황에 맞게 자연스럽게 조절되고 있는가?

말 안에 담겨 있는 표현력과 감정전달은 좋은가?

THIRTY MINUTES 30분

11. 비슷한 듯 비슷하지 않은 미묘한 입 크기에 집중하라

발음이 정확해지기 위한 여러 가지 방법 중의 하나가 모음을 정확하게 소리 내는 것이다. 발음이 부정확해 고민이라면 일단 책을 한 권 펴라. 그러고는 책의 한 페이지에서 모음만 소리를 내는 것이다. 예를 들어 '나는 멋진 발표를 할 것이다'라는 문장이 있다고 하면 ㅏㅡ ㅓㅣ ㅏㅛㅡ ㅏ ㅓㅣㅏ라고 소리 내는 것이다.
자음 생략하고, 받침도 생략하고 오로지 모음에만 집중해서 소리를 낸다. 연습은 한 번을 하더라도 정확하게 하는 것이 중요하다.

오늘 30분의 목표

1. ㅔ, ㅐ 소리내기
2. ㅚ, ㅟ 소리내기

모음 단련 훈련

입 풀기 운동을 한 후, 정확하게 모음만을 소리 내는 연습을 하라.

요즘 스마트폰은 여행에서 없으면 안 될 정도로 중요합니다. 서울시가 외국인 관광객에게 유용한 정보를 제공하는 스마트폰 어플 업체를 선정해서 서울 관광을 적극 홍보하기로 했습니다.

ㅛㅡ ㅡㅏㅡㅗㅡ ㅕㅐㅔㅓ ㅓㅡㅕ ㅏ ㅚ ㅓㅗㅗ ㅜㅛㅏㅣㅏ ㅓ
ㅜㅣㅏ ㅚㅜㅣ ㅘㅘㅐㅔㅔ ㅠㅛㅏ ㅓㅗㅡ ㅔㅗㅏㅡ ㅡㅏㅡㅗ ㅓㅡ
ㅓㅔㅡ ㅓㅓㅐㅓ ㅓㅜ ㅘㅘㅡ ㅓㅡ ㅗㅗㅏㅣㅗ ㅐㅡㅣㅏ

서울시가 선정한 녹음길은 정동길처럼 역사와 문화가 함께하는 삼청로, 효자로, 돈화문로를 비롯해서 야경을 즐길 수 있는 남산공원 남측순환로, 북악 산책로, 와룡 공원이 포함됐습니다.

ㅓㅜㅣㅏ ㅓㅓㅏ ㅗㅡㅣㅡ ㅓㅗㅣㅓㅓ ㅕㅏㅘ ㅜㅘㅏ ㅏㅔㅏㅡ
ㅏㅓㅗ ㅛㅏㅗ ㅗㅘㅜㅗㅡ ㅣㅗㅐㅓ ㅑㅕㅡ ㅡㅣ ㅜ ㅣㅡ ㅏㅏㅗ
ㅝ ㅏㅡㅜㅘㅗ ㅜㅏ ㅏㅐㅗ ㅘㅛ ㅗㅝㅣ ㅗㅏㅙㅡㅣㅏ

또, 물이 있어 시원한 서울숲과 월드컵공원, 메타세콰이아 나무가 있는 안산도시자연공원과 화곡로, 양버즘나무 가로수로 조성된 대학로와 관악구 남부순환로도 서울시 녹음길로 선정됐습니다.

ㅗ ㅜㅣ ㅣㅓ ㅣㅝㅏ ㅓㅜㅜㅘ ㅝㅡㅓ ㅗㅝ ㅔㅏㅔㅘㅣㅏ ㅏㅜ
ㅏ ㅣㅡ ㅏㅏㅗㅣㅏㅕㅗㅝㅘ ㅘㅗㅗ ㅑㅓㅡㅏㅜ ㅏㅗㅜㅗ ㅗㅓㅚ
ㅐㅏㅗㅘ ㅘㅏㅜ ㅏㅜㅜㅘㅗㅗ ㅓㅜㅣ ㅗㅡㅣㅗ ㅓㅓㅙㅡㅣㅏ

• 오늘의 발음 훈련

ㅔ, ㅐ 소리내기

ㅔ발음은 입술을 가로로 당긴 상태에서 자연스럽게 턱이 내려간 상태에서 소리 낸다. ㅐ는 ㅔ보다 입을 좀 더 벌리고 혀를 살짝 뒤로 당기며 혀를 아래로 내려준다.

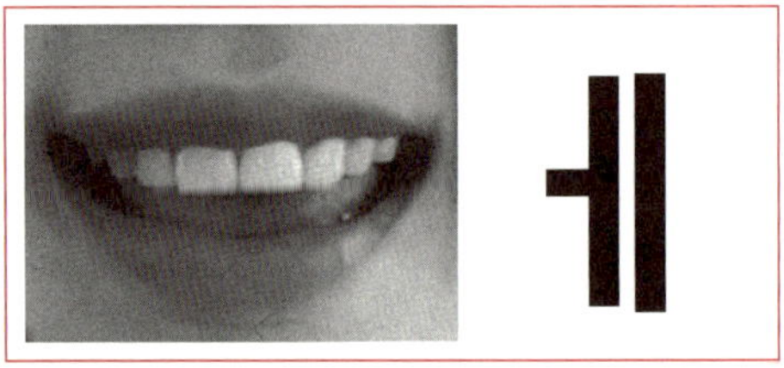

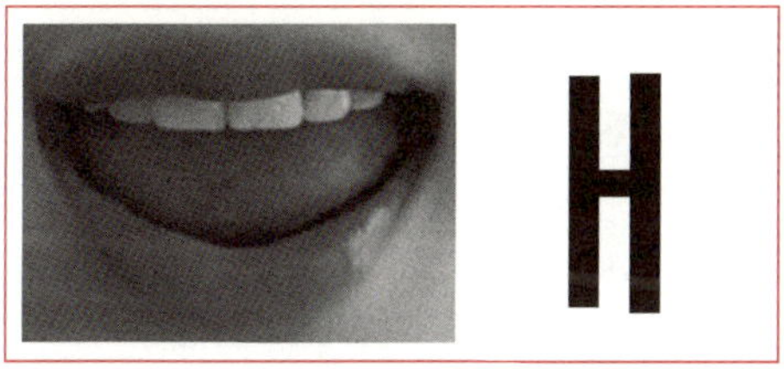

게 네 데 레 메 베 세 에 제 체 케 테 페 헤

개 내 대 래 매 배 새 애 재 채 캐 태 패 해

게[게:] 모레[모:레] 가게[가:게] 그네 베게 세모[세:모] 네모[네:모]

개 모래 배추[배:추] 새 노래 매미[매:미] 재미 개나리[개:나리]

제법 **재**미있는 이야기**네**요.

개미는 부지런하고 여치[여:치]는 **게**으르**네**요.

ㅚ, ㅟ 소리내기(ㅗ + ㅣ → ㅚ, ㅜ + ㅣ → ㅟ)

ㅚ는 입술을 둥글게 하면서 동시에 ㅔ로 발음한다. 단모음이지만 이중모음으로 발음하는 것도 허용한다. 이중모음으로 발음하는 경우에 문자와는 달리 ㅞ와 발음이 비슷하게 되는데, [외:국/웨:국]과 같이 발음되는 경우다. ㅟ 역시 단모음으로 발음할 때는 입 모양을 둥글게 해 ㅣ로 소리 내고 이중모음의 경우에는 ㅟ로 소리 낸다. 거울을 가까이 두고 발음 연습을 해보자.

괴 뇌 되 뢰 뫼 뵈 쇠 외 죄 최 쾨 퇴 푀 회

귀 뉘 뒤 뤼 뮈 뷔 쉬 위 쥐 취 퀴 튀 퓌 휘

괴물[괴ː물] 최면 외환은행 외면[외ː면] 퇴근[퇴ː근] 외나무

위증 취나물 귀엽다[귀ː엽따] 쥐약 쉼터[쉼ː터] 휘파람

국립공원[궁닙꽁원] 덕유산에서 멸종위기[멸쫑위기] 삵[삭]·담비·하늘다람쥐가 카메라에 포착되었다.

지하수에서 발암물질[바람물찔]인 벤젠이 160배 검출되어 영화 괴물이 현실로 나타날까 우려되고 있다.

받침의 발음

받침소리로는 ㄱ, ㄴ, ㄷ, ㄹ, ㅁ, ㅂ, ㅇ의 7개 자음만 발음한다. ㄲ, ㅋ, ㅅ, ㅆ, ㅈ, ㅊ, ㅌ, ㅍ은 어말 또는 자음 앞에서 각각 대표음[ㄱ, ㄷ, ㅂ]으로 발음한다.

닦다[닥따] 옷[옫] 있다[읻따]

빚다[빋따] 꽃[꼳] 쫓다[쫃따]

밟다[밥ː따] 앞[압] 덮다[덥따]

겹받침 ㄳ, ㄵ, ㄼ, ㄽ, ㄾ, ㅄ은 어말 또는 자음 앞에서 각각 [ㄱ, ㄴ, ㄹ, ㅂ]으로 발음한다.

넋[넉] 앉다[안따] 여덟[여덜]
값[갑] 넓다[널따] 없다[업ː따]

겹받침 ㄺ, ㄻ, ㄿ은 어말 또는 자음 앞에서 각각 [ㄱ, ㅁ, ㅂ]으로 발음한다.

닭[닥] 흙과[흑꽈] 맑다[막따]
삶[삼ː] 늙지[늑찌] 젊다[점ː따]

홑받침이나 쌍받침이 모음으로 시작된 조사나 어미, 접미사와 결합되는 경우에는, 제 음가대로 뒤 음절 첫소리로 옮겨 발음한다.

깎아[까까] 옷이[오시] 있어[이써]
낮이[나지] 꽂을[꼬즐] 쫓아[쪼차]
밭에[바테] 앞으로[아프로] 덮이다[더피다]

겹받침이 모음으로 시작된 조사나 어미, 접미사와 결합하는 경우에는, 뒤엣것만을 뒤 음절 첫소리로 옮겨 발음한다(이 경우, ㅅ은 된소리로 발음함).

넋이[넉씨] 앉아[안자] 닭을[달글]
젊어[절머] 값을[갑쓸] 없어[업: 써]

받침 뒤에 모음 ㅏ, ㅓ, ㅗ, ㅜ, ㅟ들로 시작되는 실질 형태소가 연결되는 경우에는, 대표음으로 바꾸어서 뒤 음절 첫소리로 옮겨 발음한다.

밭 아래[바다래] 늪 앞[느밥] 맛없다[마덥따]
겉옷[거돋] 헛웃음[허두슴] 꽃 위[꼬뒤]

한글 자모의 이름은 그 받침소리를 연음하되, ㄷ, ㅈ, ㅊ, ㅋ, ㅌ, ㅍ, ㅎ의 경우에는 특별히 다음과 같이 발음한다.

디귿이[디그시] 디귿을[디그슬] 디귿에[디그세]
지읒이[지으시] 지읒을[지으슬] 지읒에[지으세]
치읓이[치으시] 치읓을[치으슬] 치읓에[치으세]

키읔이[키으기] 키읔을[키으글] 키읔에[키으게]

티읕이[티으시] 티읕을[티으슬] 티읕에[티으세]

피읖이[피으비] 피읖을[피으블] 피읖에[피으베]

히읗이[히으시] 히읗을[히으슬] 히읗에[히으세]

오늘의 훈련

소리 내어 읽으며 연습하세요
(ㅔ, ㅐ, ㅚ, ㅟ 발음에 유의하여)

자기 자신과 화해한다는 것은 때때로 내가 남들에게[남드레게] 성가신 존재가 될 수 있다는 사실을[사:시를] 인정하는 것이다. 남들보다 민감한 사람뿐만[사:람뿐만] 아니라 평범한 사람도[사:람도] 일생[일쌩]동안 자기 자신과 화해하면서 살아가야 한다. 이것은[이거슨] 모든[모:든] 사람에게[사:라메게] 주어진 과제다.

어릴 때 우리는 삶을[살:믈] 어떻게[어떠케] 펼쳐나갈 것인가에[거신가에] 대해[대:해] 온갖[온:갇] 아이디어와 계획을[계:회글] 가지고 있었다. 그러나 성장하면서 삶이[살:미] 얼마나 복잡하고[복짜파고], 자신이 얼마나 무기력한[무기려칸] 존재인가를 깨닫는다. 그리고 바라던 것들을[거뜨를] 어느 정도 포기해야[포:기해야] 한다는 것을 알게[알:게] 된다. 우리는 정말 잘하고 싶었지만[시퍼찌만], 꿈은 쉽게[쉽:께] 좌절된다[좌:절된다]. 그럴 때 당신은 자기 자신에게 연민의[연미네] 말을[마:를] 건넬 수 있어야 한다. “나는 정말 더 잘 하고 싶었어[시퍼써]. 하지만 이렇게[이러케] 되어버렸어. 그렇지만 이것도 괜찮아[괜차나]”라고. 이 말은[마:른] “나는 잘해왔어. 그러니 나를 여전히 좋아할[조:아할] 수 있어”라는 의미를[의:미를] 내포한다[내:포한다].

《센서티브》 중에서_일자 샌드 저

11회를 마치며 check!

연습 때마다 목소리를 녹음해 스스로 평가해보자.

호흡이 안정되어 있고 여유가 있는가?

힘 있는 발성이 되고 있는가?

발음의 전달력이 좋은가?

톤은 상황에 맞게 자연스럽게 조절되고 있는가?

말 안에 담겨 있는 표현력과 감정전달은 좋은가?

THIRTY MINUTES
30분

12.
명품의 차이는 한 끗 차이, 이중모음을 정성스레 소리 내라

아나운서의 이야기가 잘 들리는 이유 중의 하나가 이중모음을 정확하게 소리내기 때문이다. 이중모음을 풀어 정성스럽게 하나하나 소리 내는 훈련으로 아나운서의 발음을 욕심내보자. 성의 없이 소리 내는 습관이 계속된다면 부정확한 발음만 계속될 뿐이다.

오늘 30분의 목표

1. ㅑ, ㅕ 소리내기
2. ㅛ, ㅠ 소리내기

이중모음을 단모음으로 풀어서 연습

다음의 훈련은 발음이 부정확한 사람들이 반복적으로 소리 내 연습하면 좋다.

양순음훈련

두 입술이 붙었다 떨어지면서 터져 만들어지는 소리다.

마먀마먀 · 머며머며 · 모묘모묘 · 무뮤무뮤 · 므미므미

(마미아) (머미어) (모미오) (무미우)

바뱌바뱌 · 버벼버벼 · 보뵤보뵤 · 부뷰부뷰 · 브비브비

(바비아) (버비어) (보비오) (부비우)

빠뺘빠뺘 · 뻐뼈뻐뼈 · 뽀뾰뽀뾰 · 뿌쀼뿌쀼 · 쁘삐쁘삐

(빠삐아) (뻐삐어) (뽀삐오) (뿌삐우)

파퍄파퍄 · 퍼펴퍼펴 · 포표포표 · 푸퓨푸퓨 · 프피프피

(파피아) (퍼피어) (포피오) (푸피우)

치경음훈련

혀끝이 잇몸 안쪽에 닿으면서 만들어지는 소리다.

나냐나냐 · 너녀너녀 · 노뇨노뇨 · 누뉴누뉴 · 느니느니

(나니아) (너니어) (노니오) (누니우)

다댜다댜 · 더뎌더뎌 · 도됴도됴 · 두듀두듀 · 드디드디

(다디아) (더디어) (도디오) (두디우)

따땨따땨 · 떠뗘떠뗘 · 또뚀또뚀 · 뚜뜌뚜뜌 · 뜨띠뜨띠

(따띠아) (떠띠어) (또띠오) (뚜띠우)

타탸타탸 · 터텨터텨 · 토툐토툐 · 투튜투튜 · 트티트티

(타티아) (터티어) (토티오) (투티우)

라랴라랴 · 러려러려 · 로료로료 · 루류루류 · 르리르리

(라리아) (러리어) (로리오) (루리우)

경구개음 훈련

앞 혀가 센입천장에 스치거나 터지면서 만들어지는 소리다.

사샤사샤 · 서셔서셔 · 소쇼소쇼 · 수슈수슈 · 스시스시
(사시아) (서시아) (소시오) (수시우)

싸쌰싸쌰 · 써쎠써쎠 · 쏘쑈쏘쑈 · 쑤쓔쑤쓔 · 쓰씨쓰씨
(싸씨아) (써씨어) (쏘씨오) (쑤씨우)

자쟈자쟈 · 저져저져 · 조죠조죠 · 주쥬주쥬 · 즈지즈지
(자지아) (저지어) (조지오) (주지우)

짜쨔짜쨔 · 쩌쪄쩌쪄 · 쪼쬬쪼쬬 · 쭈쮸쭈쮸 · 쯔찌쯔찌
(짜찌아) (쩌찌어) (쪼찌오) (쭈찌우)

차챠차챠 · 처쳐처쳐 · 초쵸초쵸 · 추츄추츄 · 츠치츠치
(차치아) (처치어) (초치오) (추치우)

연구개음 훈련

뒤 혀가 여린입천장 쪽으로 당겨지면서 터져 나오는 소리다.

가갸가갸 · 거겨거겨 · 고교고교 · 구규구규 · 그기그기
(가기아) (거기어) (고기오) (구기우)

까꺄까꺄 · 꺼껴꺼껴 · 꼬꾜꼬꾜 · 꾸뀨꾸뀨 · 끄끼끄끼
(까끼아) (꺼끼어) (꼬끼오) (꾸끼우)

카캬카캬 · 커켜커켜 · 코쿄코쿄 · 쿠큐쿠큐 · 크키크키
(카키아) (커키어) (코키오) (쿠키우)

스침소리 훈련

목청에서 마찰이 일어나면서 만들어지는 소리다.

하햐하햐 · 허혀허혀 · 호효호효 · 후휴후휴 · 흐히흐히
(하히아) (허히어) (호히오) (후히우)

ㅑ, ㅕ, ㅛ, ㅠ 이중모음 발음 시 소리의 변화와 혀의 위치 이동에 대해 설명한 그림이다. 참고해 연습해보자.

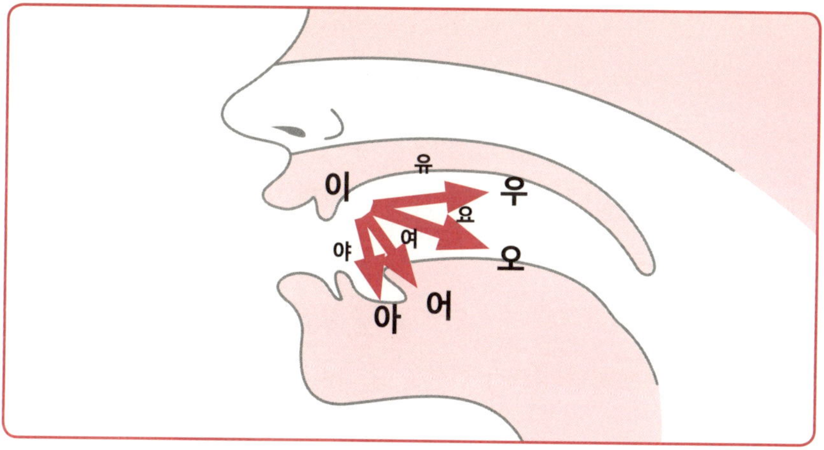

- **오늘의 발음 훈련**

ㅑ, ㅕ 소리내기

ㅣ + ㅏ → ㅑ : ㅑ는 ㅣ로 소리를 내다가 ㅏ로 재빨리 연결시켜 발음한다.

ㅣ + ㅓ → ㅕ : ㅕ는 ㅣ로 소리를 내다가 ㅓ로 재빨리 연결시켜 발음한다.

갸 냐 댜 랴 먀 뱌 샤 야 쟈 챠 캬 탸 퍄 햐

겨 녀 뎌 려 며 벼 셔 여 져 쳐 켜 텨 펴 혀

야망[야: 망] 향수 약국[약꾹] 약하다[야카다] 향초 갸름한 향나무

여름 열심히[열씸히] 겨울 별[별:] 결승[결씅] 결석[결썩] 실현 병원[병:원]

꿈을 가**져**야 합니다. **야**망과 꿈이 없다**면** 어떻게 꿈을 실**현**하겠어요.

내**셔**널 지오그래픽에 따르**면** 그는 조**명**조차 없이 살**며**, **겨**울이면 새**벽** 2시쯤에 일어나 캠프장 주**변**을 걸으**며** 추위를 이**겨** 냈다고 한다.

ㅛ, ㅠ 소리내기

ㅣ + ㅗ → ㅛ : ㅛ는 ㅣ로 소리를 내다가 ㅗ로 재빨리 연결시켜 발음한다.

ㅣ + ㅜ → ㅠ : ㅠ는 ㅣ로 소리를 내다가 ㅜ로 재빨리 연결시켜 발음한다.

교뇨됴료묘뵤쇼요죠쵸쿄툐표효

규뉴듀류뮤뷰슈유쥬츄큐튜퓨휴

요리사 교양 교집합 성묘 교무실 묘목

우유 율무차 규율 휴무 육아 규칙

율무가 가지고 있는 **효**능 중의 하나는 단백분해**효**소의 작**용**입니다.
규율이 전혀 잡히지 않은 상황에서 **교**양을 기대하기란 어렵습니다.

오늘의 훈련	소리 내어 읽으며 연습하세요 (이중모음의 발음에 유의하여 읽어보자)

뉴스 대본

1950년대부터 플라스틱 제품[제:품] 제조에[제:조에] 널리 사용돼[사:용돼] 온 화학물질인[화학물찌린] 비스페놀A는 동물이나[동:무리나] 사람의[사:라메] 체내로 유입될 경우 내분비계의[내:분비계에] 정상적인[정:상저긴] 기능을 방해하거나 교란시키는 환경호르몬의 일종이다. 이러한 비스페놀A는 폴리카보네이트나 에폭시 수지를 만드는 원료로 사용되면서 우리 생활 곳곳에서[곧꼬세서] 광범위하게[광:버뮈하게] 사용되고 있다.

일례로 CD, DVD, 플라스틱 물병과 플라스틱 컵과 젖병, 가전제품, 조리도구, 안경[안:경] 렌즈, 대형[대:형] 생수통, 아기의 젖병, 아이들의[아이드레] 장난감, 의료도구, 노트북과 스마트폰 표면 등이[등:이] 모두 폴리카보네이트로 만들어지기 때문이다.

에폭시 수지는 스포츠 장비, 비행기, 자동차의 접착물질로 사용되며[사:용되며], 치아의 충전물과 전선이나[전:서니나] 파이프의 보호[보:호] 코팅제로도 쓰인다. 거의 모든[모:든] 양철 캔의 내벽도 이 에폭시 수지로 코팅되어 있다. 통조림통, 코카콜라 캔의 내부도[내:부도] 비스페놀A로 코팅되어 있으며, 상점에서 영수증을 인쇄할 때 쓰는 희고 광택이 나는 종이에도 비스페놀A가 코팅되어 있다. 재생[재:생] 종이에도 비스페놀A가 들어 있으며, 재생[재:생] 종이상자에 담긴 피자를 먹는 것으로도 비스페놀A에 노출될 수 있다.

12회를 마치며 check!

연습 때마다 목소리를 녹음해 스스로 평가해보자.

호흡이 안정되어 있고 여유가 있는가?

힘 있는 발성이 되고 있는가?

발음의 전달력이 좋은가?

톤은 상황에 맞게 자연스럽게 조절되고 있는가?

말 안에 담겨 있는 표현력과 감정전달은 좋은가?

THIRTY MINUTES
30분

13.

똑소리 나는 나?! 음운의 구분도 똑 부러지게 하라

학생들을 코칭하다 보면 사과, 관광 등의 단어를 [사과], [관광]으로 발음하지 않고 [사가], [간강]으로 발음하는 것을 쉽게 볼 수 있다. 본인이 그런 발음을 하고 있다는 것을 인지하지 못할 뿐만 아니라 그리 중요하게 생각하지도 않는다. 하지만 이런 습관이 쌓이게 되면 결국엔 상대방과의 의사소통도 힘들게 된다. 이중모음 발음의 정확도는 입 모양의 변화를 제대로 지켜주고, 빠르고 정확하게 발음하느냐에 따라 결정된다. 놓치고 있는 작은 부분부터 체크해보자.

오늘 30분의 목표

1. ㅔ, ㅐ 소리내기
2. ㅘ, ㅝ 소리내기
3. ㅙ, ㅞ 소리내기

초성, 중성, 종성 음운 훈련

정확하게 발음하기 위해서는 초성, 중성, 종성 음운을 연결해 소리 내려는 훈련이 필요하다.

초성(初 처음, 聲 소리)은 첫소리, 중성(中 가운데, 聲 소리)은 가운뎃소리, 종성(終 마칠, 聲 소리)은 끝소리, 받침이라 한다. 감, 물, 곰이라는 단어를 풀어보면, 초성 ㄱ, ㅁ, ㄱ, 중성 ㅏ, ㅜ, ㅗ, 종성 ㅁ, ㄹ, ㅁ이 된다. 이 각각의 소리를 연결해보는 연습을 해보자.

그 아 므(빠르게 연결)

므 우 르(빠르게 연결)

그 오 므(빠르게 연결)

감과 같은 음절의 경우는 혀가 연구개로 당겨졌다가 ㅁ 받침 발음에서 입술이 다물어지면서 마무리되며, 랄과 같은 음절은 혀가 입천장에서 시작했다가 내려오면서 다시 시작점인 입천장으로 돌아간다. 전달력이 좋아지기 위해서는 받침소리를 정확하게 소리 내야 한다. 부지런해야 성공하듯이 혀를 부지런히 놀려야 전달력도 좋아진다.

- **오늘의 발음 훈련**

ㅖ, ㅒ 소리내기

ㅣ + ㅔ → ㅖ : ㅖ는 ㅣ 소리로 시작해 ㅔ로 옮겨 소리 낸다.

ㅣ + ㅐ → ㅒ : ㅒ는 ㅣ 소리로 시작해 ㅐ로 옮겨 소리 낸다.

계 녜 뎨 례 몌 볘 셰 예 졔 쳬 켸 톄 폐 혜

걔 냬 댸 럐 먜 뱨 섀 얘 쟤 챼 컈 턔 퍠 햬

예민하다 예술 폐기물[폐:기물] 계산기 설계도 폐지[폐:지]

얘들아(이 아이들아) 얘기(이야기) 걔(그 아이) 쟤(저 아이)

방송 **예**정인 파일럿 **예**능 프로그램인 '스마일 토크'는 대한민국 대표 입담꾼들이 출연해 그들의 후**계**자를 발굴한다는 콘셉트의 프로그램이다.

예천시는 제5회 어린이날 어울림한마당 '**얘**들아 훨훨 날아라' 행사를 **개**최할 예정이다.

ㅘ, ㅝ 소리내기

ㅗ + ㅏ → ㅘ : ㅘ는 ㅗ 소리로 시작해 ㅏ로 옮겨 소리 낸다.

ㅜ + ㅓ → ㅝ : ㅝ는 ㅜ 소리로 시작해 ㅓ로 옮겨 소리 낸다.

과 놔 돠 롸 뫄 봐 솨 와 좌 촤 콰 톼 퐈 화

궈 눠 둬 뤄 뭐 붜 숴 워 줘 춰 쿼 퉈 풔 훠

와전 화학[화:학] 광고[광:고] 문화 과장 좌식[좌:식]

만원 원장 권고[권:고] 7월 월급 권투[권:투] 월말정산[월말정:산]

완전한 실패도 없고[업:꼬] **완**벽한 성공도 없다[업:따].

원: 하고 **원**: 하면 반드시 이루어질 것이다.

ㅙ, ㅞ 소리내기

ㅗ + ㅐ → ㅙ : ㅙ는 ㅗ로 소리를 내다가 ㅐ로 재빨리 연결시켜 발음한다.

ㅜ + ㅔ → ㅞ : ㅞ는 ㅜ로 소리를 내다가 ㅔ로 재빨리 연결시켜 발음한다.

괘 놰 돼 뢔 뫠 봬 쇄 왜 좨 쵀 쾌 퇘 퐤 홰

궤 눼 뒈 뤠 뭬 붸 쉐 웨 줴 췌 퀘 퉤 풰 훼

왜곡 쾌유 왜냐하면 괘씸 쇄신[쇄: 신] 돼지[돼: 지]
웨이터 웨딩 웬일이니[웬: 닐이니] 위궤양 궤적[궤: 적]

역사[역싸]를 **왜**곡하는 그의 **궤**변[궤: 변]에서 화: 가 치밀었다.
애주가들은 복통이 잦다면 **췌**장염을 의심해 봐야 한다.

이중모음 발음 연습

큰 소리로 음절 하나하나 신경 써서 정확하게 가로로 3번 세로로 3번 읽어본다.

갸	냐	댜	랴	먀	샤	야	쟈	챠	캬	탸	퍄	햐
겨	녀	뎌	려	며	셔	여	져	쳐	켜	텨	펴	혀
교	뇨	됴	료	묘	쇼	요	죠	쵸	쿄	툐	표	효
규	뉴	듀	류	뮤	슈	유	쥬	츄	큐	튜	퓨	휴
과	놔	돠	롸	뫄	솨	와	좌	촤	콰	톼	퐈	화

궈	눠	둬	뤄	뭐	숴	워	줘	춰	쿼	퉈	풔	훠
괴	뇌	되	뢰	뫼	쇠	외	죄	최	쾨	퇴	푀	회
귀	뉘	뒤	뤼	뮈	쉬	위	쥐	취	퀴	튀	퓌	휘

Tip. 설소대 알아보기

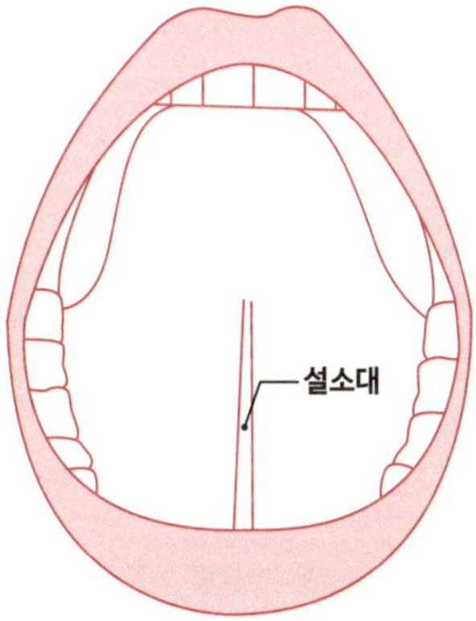

설소대는 혀 밑과 입안을 연결하는 띠 모양의 주름이다. 설소대 단축증의 경우는 혀를 길게 내밀지 못하고 자유롭게 움직일 수 없다. 눈으로 진단할 수 있는데, 유아에서는 혀의 끝부분을 들어 올릴 때 저항감이 느껴지고, 소아에서는 최대한 혀를 내밀게 했을 때 혀끝이 짧은 설소대에 붙잡혀 혀를 쭉 내밀 수 없어 혀끝 모양이 W 모양이 되면 설소대 단축증으로 진단할 수 있다. 혀를 올려야 하는 ㄷ, ㄹ의 발음에 문제가 생길 수 있다. 꾸준한 근육훈련과 발음교정으로 좋아질 수 있으나 경우에 따라 수술이 필요하다.

오늘의 훈련

소리 내어 읽으며 연습하세요
(이중모음의 발음에 유의하여 읽어보자)

뉴스 대본

브라질 교통부에 따르면 상 파울루 시는[시:는] 최근[최:근] 약 2㎞[이:킬로미터] 길이의[기리에] 자전거 도로[도:로] 건설의[건:서레] 시작을[시:자글] 기념하는 자리에서 한 주마다 한 개 노선의[노:서네] 자전거 전용도로를[저뇽도로를] 건설하겠다고 밝혔다. 목표는 연말까지 가장 큰 도로인[도:로인] 파울리스타 가와 베르게이루, 도밍구스 이 모라이스, 자바콰라 가에 공사를 끝마치는 것이다. 6월부터 현재까지[현:재까지] 7.2㎞의[칠쩜 이:킬로미터에] 자전거 전용도로가[저뇽도로가] 완성됐으며 시의[시:에] 최종[최:종] 목표는 2016년 말까지 총[총:] 400㎞를[사:백킬로미터] 완공하는 것이다. 시[시:] 측은 목표 기간까지 공사를 끝내기[끈내기] 위해 평소에 주말에만 사용이[사:용이] 허락됐던 자전거 도로를[도:로를] 전면 개방한다고 밝혔다.

13회를 마치며 check!

연습 때마다 목소리를 녹음해 스스로 평가해보자.

호흡이 안정되어 있고 여유가 있는가?

힘 있는 발성이 되고 있는가?

발음의 전달력이 좋은가?

톤은 상황에 맞게 자연스럽게 조절되고 있는가?

말 안에 담겨 있는 표현력과 감정전달은 좋은가?

THIRTY MINUTES
30분

14.
조음점 찾기로 혀의 위치를 명확히 하라

조음점이란 자음의 조음 위치와 관련된 기관 가운데 조음체(자음을 만들어내는 과정에서 능동적으로 움직여 조음점에 접근하는 발음 기관으로 혀와 아랫입술 등이 있다)가 접근하는 자리다. 윗입술, 윗니, 윗잇몸, 입천장 등 스스로 움직이지 못하는 발음 기관을 말한다. 조음점의 위치를 제대로 알아야만 정확한 조음운동을 할 수 있다.

오늘 30분의 목표

1. 조음 훈련표 알기
2. ㄱ, ㄲ, ㅋ 소리내기

조음 훈련표

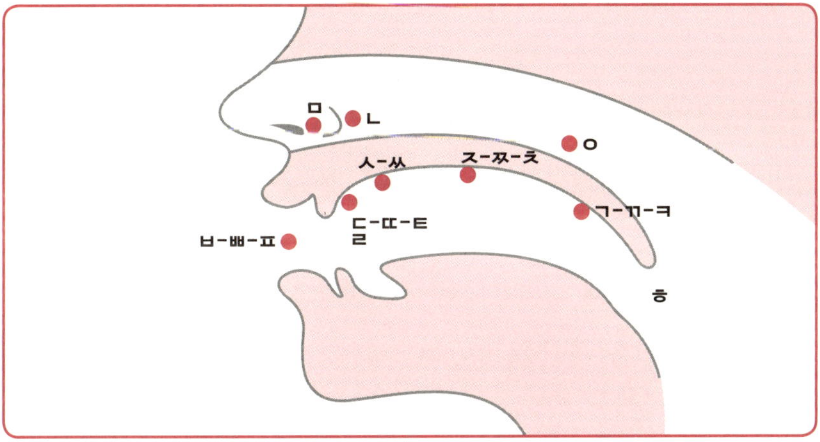

소리를 내는 자리(조음점)

입술소리(양순음): 두 입술에서 나는 소리다. (**ㅁ, ㅂ, ㅃ, ㅍ**)

혀끝소리(설단음): 혀끝과 윗잇몸 사이에서 나는 소리다. (입술 순 – 脣, 혀 설 – 舌) (**ㄴ, ㄷ, ㄸ, ㅌ, ㄹ, ㅅ, ㅆ**)

센입천장소리(경구개음): 혓바닥과 센입천장 사이에서 나는 소리

다. (ㅈ, ㅉ, ㅊ)

소리를 내는 방법(조음 방식)

파열음: 폐에서 나오는 공기를 일단 막았다가 그 막은 자리를 터뜨리면서 내는 소리다. (ㅂ, ㅃ, ㅍ / ㄷ, ㄸ, ㅌ / ㄱ, ㄲ, ㅋ)

마찰음: 입안이나 목청 사이의 통로를 좁혀서, 공기가 그 사이를 비집고 나오면서 마찰하는 소리다. (ㅅ, ㅆ / ㅎ)

파찰음: 처음에는 파열음, 나중에는 마찰음의 순서로 나는 소리다. 〈파열음+마찰음=파찰음〉 (ㅈ, ㅉ, ㅊ)

유음: (ㄹ)

설측음 – 혀끝을 잇몸에 댄 채 공기를 양옆으로 흘려보내면서 내는 소리다(종성의 ㄹ은 영어의 L 발음에 가깝다).

설전음 – 혀끝을 잇몸에 가볍게 대었다가 떼면서 내는 소리다(초성의 ㄹ은 영어의 R 발음에 가깝다).

비음: 입안의 통로를 막고 코로 공기를 내보내면서 내는 소리다. (ㄴ, ㅁ, ㅇ)

비음 때문에 고민하는 사람들이 많이 있다. ‘나만을’ 또는 ‘내 안의 너’라는 말을 소리 내어 이야기해보자. 코안에서 울림이 느껴질 것이다. 하지만 ㄴ, ㅁ, ㅇ이 들어 있지 않은 소리를 낼 때도 동일하게 답답한 소리로 들리게 된다면 비음이 있는 경우다. 그럴 때는 코에 힘을 주고 호흡을 충분히 들이마신 후 내뱉으며 구강에서 힘 있게 소리 내야 한다.

소리를 내는 힘의 정도

예사소리(평음): 숨을 쉴 때와 같은 예사의 숨으로 내는 소리다(평범한 느낌). (ㄱ, ㄷ, ㅂ, ㅅ, ㅈ)

된소리(경음): 성문을 거의 닫고 된 숨결로 내는 소리다(강한 느낌). (ㄲ, ㄸ, ㅃ, ㅆ, ㅉ)

거센소리(격음) : 성문을 마찰하는 거센 숨결로 내는 소리다(거센 느낌). (ㅋ, ㅌ, ㅍ, ㅊ)

소리의 울림 유무

울림소리(유성음): 발음할 때 목청이 떨어 울리는 소리다. (ㄴ, ㄹ, ㅁ, ㅇ)

'나라마음' 또는 '나만아라'라고 기억하면 쉽다.

안울림소리(무성음): 발음할 때 목청의 떨림이 없는 소리다. (ㄱ·ㄲ·ㄷ·ㄸ·ㅂ·ㅃ·ㅅ·ㅆ·ㅈ·ㅉ·ㅊ·ㅋ·ㅌ·ㅍ·ㅎ)

자음 구분표

소리 나는 위치 / 소리 내는 방법			입술소리	잇몸소리	센입천장 소리	여린 입천장 소리	목청소리
안울림 소리	파열음	예사소리	ㅂ	ㄷ		ㄱ	
		된소리	ㅃ	ㄸ		ㄲ	
		거센소리	ㅍ	ㅌ		ㅋ	
	마찰음	예사소리		ㅅ			ㅎ
		된소리		ㅆ			
	파찰음	예사소리			ㅈ		
		된소리			ㅉ		
		거센소리			ㅊ		
울림 소리	비음		ㅁ	ㄴ		ㅇ	
	유음			ㄹ			

자음 발음 주요 point

자음 발음은 혀의 위치에 따라 다르다.

입술소리-입술이 붙으면서 난다.

잇몸소리-혀가 잇몸 쪽에 대이면서 소리가 난다.

센입천장소리(경구개)-혀가 입의 단단한 부분 쪽에 붙는다.

여린입천장소리(연구개)-혀가 입의 무른 부분에 붙는다.

목청소리-목청에서 울리면서 소리가 난다.

• **오늘의 발음 훈련**

ㄱ, ㄲ, ㅋ 소리내기

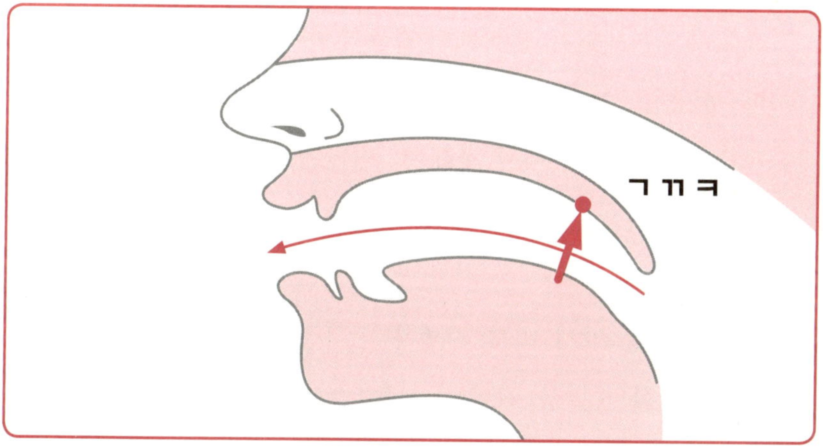

ㄱ은 공기를 막았다가 다시 터뜨리면서 내는 파열음으로 혀뿌리가 뒤쪽 천장인 연구개에 붙으면서 소리가 난다. 목에 힘을 주면서 ㄲ, ㅎ 소리를 섞게 되면 ㅋ이 된다.

가 갸 거 겨 고 교 구 규 그 기

까 꺄 꺼 껴 꼬 꾜 꾸 뀨 끄 끼

카 캬 커 켜 코 쿄 쿠 큐 크 키

가시 감자[감:자] 고구마[고:구마] 거미 가면[가:면]

끈기 꿈 까투리 꽃게[꼳깨] 꽃길[꼳낄] 껌

키보드 코브라 컴퓨터 카드 코끼리 쿠폰

미술[미:술] 시장[시:장]에서의 **작**품의 **가**치는 **크**기에 비례[비:례] 한다. 하지만 단순히 **크**기만으로 **작**품의 **가**치를 평**가**해선 안 된다.

암**기**식 **교육**[교:육]에서 **개혁**[개:혁] 없이는[업씨는] **교육**경쟁**력**[경:쟁녁]을 키울 **꿈**도 **꾸**지 말아야 한다.

ㄱ 받침 발음: 각시, 곡식, 각별하다, 걱정

주의해야 할 ㄱ 발음: 각별히 → 갇별히(x), 각자 → 갇자(x)

ㄱ 발음 훈련 연습

혀뿌리를 당기며 힘 있게 소리 내보자.

가-각 나-낙 다-닥

라–락 마–막 바–박

사–삭 아–악 자–작

차–착 카–칵 타–탁

파–팍 하–학

ㄴ 소리내기(조음훈련표 참조)

ㄴ은 코로 공기를 내보내는 소리이며, 혀끝이 윗니 뒤의 치조 부분에 닿아 발음된다.

나 냐 너 녀 노 뉴 누 뉴 느 니

너구리 나무 누나[누ː나] 나라 논점[논쩜] 날씨 논리[놀리] 난리[날ː리]

너는 나에게로 와서 **한** 떨기 장미꽃이 되었다.

건조**한 눈**에**는 인**공**눈**물을 자주 **넣**ː어야 **한**다.

주의해야 할 ㄴ 발음: 관광청 → 광광청(x), 항만청 → 항망청(x),

한강 → 항강(x), 대한민국 → 대항민국(x)

전무 → 점무(x,) 근무 → 금무(x)

ㄴ 발음 훈련을 할 때 코에 손가락을 대고 아래의 소리를 길게 내며 코의 진동을 느껴보자.

안~~~

은~~~

오늘의 훈련	소리 내어 읽으며 연습하세요 (ㄱ, ㄲ, ㅋ 발음에 유의하며 소리 내보자)

고객의[고개게] 개인정보를[개: 인정보를] 이용해[이: 용해] 휴대전화[휴대전: 화] 천여 대를 개통해 13억 원을 챙긴 일당이[일땅이] 경찰에 적발[적빨]됐습니다.

서초경찰서[경: 찰써]는 휴대전화[휴대전: 화] 대리점[대: 리점] 대표[대: 표] 2:9살 김 모 씨 등: 2:명을 주민등록법[주: 민등녹뻡] 위반혐의[혀믜/혀미]로 구속하고, 대리점 직원 2:9살 박 모 씨 6명을 불구속 입건했습니다[입껀해씀니다].

김 씨 등은 반포에서 휴대전화[휴대전: 화] 대리점을 운영하면서[우: 녕하면서] 가지고 있던 고객 6백여 명의 개인[개: 인]정보를 이용해 휴대전화[휴대전: 화] 천여 대를 개통한 뒤, 중고로 팔아 13억 원 가량을[가: 량을] 챙긴 혐의[혀믜/혀미]를 받고 있습니다.

14회를 마치며 check!

연습 때마다 목소리를 녹음해 스스로 평가해보자.

호흡이 안정되어 있고 여유가 있는가?

힘 있는 발성이 되고 있는가?

발음의 전달력이 좋은가?

톤은 상황에 맞게 자연스럽게 조절되고 있는가?

말 안에 담겨 있는 표현력과 감정전달은 좋은가?

THIRTY MINUTES 30분

15.

사랑을 속삭이듯 부드럽게 혀를 굴려라

발음 중에서도 유독 ㄹ 발음을 어려워하는 사람들이 많다. ㄹ은 유음으로 ㄴ 발음과 헷갈려하는 사람들이 많은데 혀끝 근육의 힘을 키워 발음을 명확하게 할 필요가 있다. 처음에는 근육의 힘을 느끼며 천천히 또렷한 소리를 내려고 하고 익숙해지면 빠르게 소리를 내면서도 정확한 소리를 만들어보자.

오늘 30분의 목표

1. ㄷ, ㄸ, ㅌ 소리내기
2. ㄹ 소리내기

• 오늘의 발음 훈련

ㄷ, ㄸ, ㅌ 소리내기

ㄷ은 혀끝이 치아와 맞닿아 있는 치조(치아 뿌리가 박혀 있는 공간)에 닿으면서 소리가 난다. ㄴ과 조음점이 동일하며 목에 힘을 주면서 된소리인 ㄸ, ㅎ 소리를 섞게 되면 거센소리인 ㅌ이 된다.

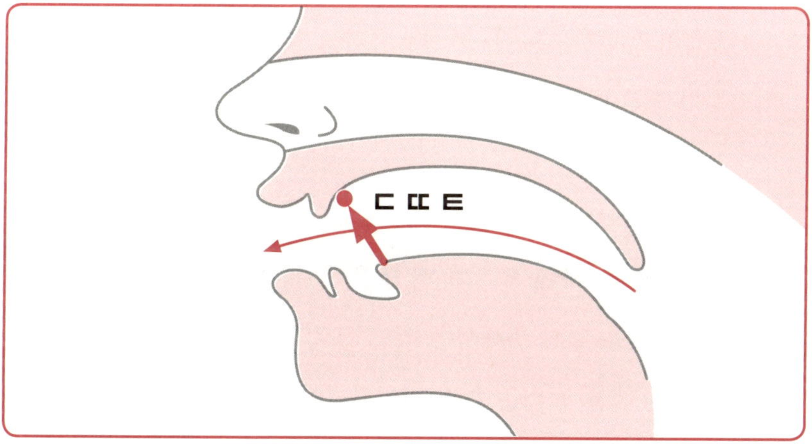

다 댜 더 뎌 도 됴 두 듀 드 디

따 땨 떠 뗘 또 뚀 뚜 뜌 뜨 띠

타 탸 터 텨 토 툐 투 튜 트 티

다리미 다람쥐 달력 다혈질[다혈찔] 단위

따옴표 뜰아래 땀 따오기 떡볶이[떡뽀끼]

트럭 투숙 투명 터널 토론[토: 론] 토마토

트럭 **떡**볶이[떡뽀끼]로 유명[유: 명]했**던** 맛집의 비법[비: 뻡]은 **다**시마에 있었**다**.

똑똑한[똑또칸] 사진 관리법은[괄리뻐븐] **달**력에서부터[달려게서부터] 포토북까지 **다**양했**다**.

조음점이 동일한 나–다–따–타 음가를 혀끝으로 위쪽 이뿌리를 때리듯이 소리 내본다.

ㄹ 소리내기(잇몸~경구개)

ㄹ은 혀끝이 치조에 닿으며 혀 옆을 열어 바람이 빠지면서 나는 소리다. 혀 옆을 열기 위해서는 혀가 뒤로 말려야 한다. '랄'과 같은 음절의 종성의 ㄹ 소리는 혀가 입천장에서 시작했다가 내려오면서 다시 시작점인 입천장으로 돌아간다. '로라' 같은 경우는 혀의 위치가 같으나 모음이 다르므로 입의 모양이 바뀌게 된다.

ㄹ의 조음점 위치가 치조가 맞긴 하나 혀를 잘 굴려주는 것이 중요하다. 그렇지 못하면 자칫 ㄴ이나 ㄷ의 소리로 날 수 있다. 예를

들면 '소리'라는 단어가 [소디]처럼 잘못 발음되는 경우다. 또한, 어떤 모음과 받침이 오느냐에 따라 조금 더 뒤쪽인 경구개 쪽으로 혀를 당겨야 할 경우도 있다.

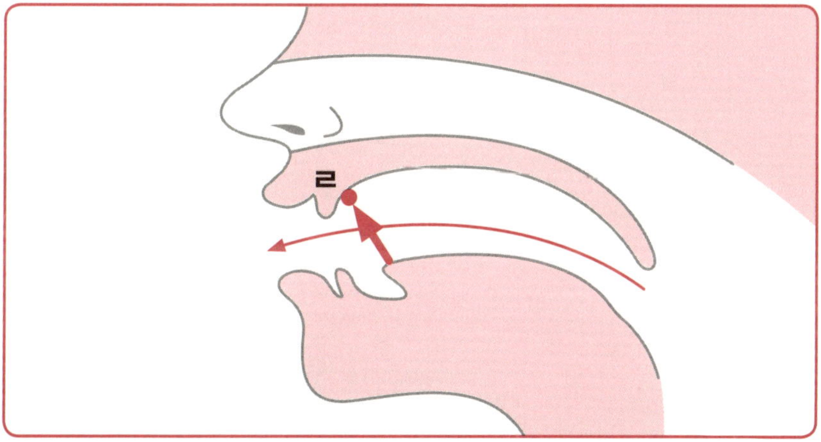

라 랴 러 려 로 료 루 류 르 리

라디오 라면 로또 로미오 레알마드리드 라라랜드 라일락

라라랜드 영화 속 주인공은 **레**스토**랑**에서 피아노**를** 치고 있었다. 프**랑**스 **로**맨틱 오페**라** '**로**미오와 **줄리**엣' 2:년 만에 재연[재: 연]된다.

ㄹ 받침 발음 연습표

부지런히 혀를 움직여 혀의 움직임이 많아지도록 연습해보자. 입술 근육 또한 잘 활용해야겠다.

	ㅏ	ㅑ	ㅓ	ㅕ	ㅗ	ㅛ	ㅜ	ㅠ	ㅡ	ㅣ	ㅔ	ㅚ	ㅟ
ㄱ	갈	걀	걸	결	골	굘	굴	귤	글	길	겔	굄	귈
ㄴ	날	냘	널	녈	놀	뇰	눌	뉼	늘	닐	넬	뇔	뉠
ㄷ	달	댤	덜	뎔	돌	됼	둘	듈	들	딜	델	될	뒬
ㄹ	랄	랼	럴	렬	롤	룔	룰	률	를	릴	렐	뢸	뤌
ㅁ	말	먈	멀	멸	몰	묠	물	뮬	믈	밀	멜	묄	뮐
ㅂ	발	뱔	벌	별	볼	뵬	불	뷸	블	빌	벨	뵐	뷜
ㅅ	살	샬	설	셜	솔	숄	술	슐	슬	실	셀	쇨	쉴
ㅇ	알	얄	얼	열	올	욜	울	율	을	일	엘	욀	윌
ㅈ	잘	쟐	절	졀	졸	죨	줄	쥴	즐	질	젤	죌	쥘
ㅊ	찰	챨	철	쳘	촐	쵤	출	츌	츨	칠	첼	쵤	췰
ㅋ	칼	캴	컬	켤	콜	쿌	쿨	큘	클	킬	켈	쾰	퀼
ㅌ	탈	턀	털	텰	톨	툘	툴	튤	틀	틸	텔	퇼	튈
ㅍ	팔	퍌	펄	펼	폴	푤	풀	퓰	플	필	펠	푈	퓔
ㅎ	할	햘	헐	혈	홀	횰	훌	휼	흘	힐	헬	횔	휠

혀 올리기 연습 문장(혀의 움직임을 정확히 느껴가며 소리 내보자)

알라 엘라 일라 올라 울라 얼라

랄랄랄랄랄 렐렐렐렐렐 릴릴릴릴릴

롤롤룰룰룰 롤롤롤롤롤 럴럴럴럴럴

오늘의 훈련 소리 내어 읽으며 연습하세요 (ㄹ 발음에 유의하며)

그는 1998년 베토벤 '함머클라비어' 레코딩을 시작으로[시:자그로], 베토벤 피아노 소나타 전곡 연주, 베토벤 피아노 협주곡 전곡 연주[연:주], 베토벤 첼로와 피아노를 위한 소나타 전곡 연주를[연:주를] 펼쳐 왔다. 총[총:] 14장에 이르는 베토벤 앨범을 발매한 베토벤 전문가다.

'바흐 스페셜리스트'로 알려진 헤레베헤는 베토벤 해석에도[해:서게도] 정평이[정:평이] 나 있다. 2011년 발매된 그의 베토벤 교향곡 전곡 음반에 대해[대:해] 그라모폰은 "탁월하고[타궐하고], 활기 넘치며[넘:치며], 지적인[지쩌긴] 연주[연:주]"라 평했고, 헤레베헤 자신은 "비브라토, 아티큘레이션, 심지어[심:지어] 리듬 하나하나까지 모두 고증된 베토벤 시대의 연주법을[연:주뻐블] 따랐다"고 밝혔다.

15회를 마치며 check!

연습 때마다 목소리를 녹음해 스스로 평가해보자.

호흡이 안정되어 있고 여유가 있는가?

힘 있는 발성이 되고 있는가?

발음의 전달력이 좋은가?

톤은 상황에 맞게 자연스럽게 조절되고 있는가?

말 안에 담겨 있는 표현력과 감정전달은 좋은가?

THIRTY MINUTES
30분

16.
놓치고 있는 장단음에 중요한 답이 숨어 있다

영어는 강세가 발달된 언어다. 우리말에서도 영어의 강세와 비슷한 역할을 하는 것이 있다. 바로 소리의 길고 짧음을 의미하는 장단음이다. 예를 들면 '새 친구가 새:집(鳥家)을 구했다'라는 문장과 '세: 친구가 새집(新家)을 구했다'라는 문장에서처럼 우리말의 장단음을 지킬 때 그 뜻이 명확하게 전달되고 말의 운율이 살아난다. 외국어를 배울 때는 억양과 성조를 틀리지 않으려고 노력하면서 정작 우리말에 대해서는 잘 몰라 장음을 단음으로 또는 단음을 장음으로 발음하는 경우가 많다. 정확하게 자신의 이야기를 전달하려면 장단음을 익힐 필요가 있다.

오늘 30분의 목표

1. 장단음 규칙 알기
2. ㅁ, ㅂ, ㅃ, ㅍ 소리내기

신체와 그 외 장단음

[눈]–신체의 눈 / [눈:]–내리는 눈

[손]–팔목 아래 / [손:]–후손의 준말

[배]–과일 / [배:]–곱절

[말]–동물/ [말:]–언어

참고–눈, 손 등 보이는 신체의 일부는 단음으로 소리 난다.

숫자의 장단음

숫자 장음: 2, 4, 5, 만, 두, 세, 네, 열, 쉰

숫자 단음: 그 외의 숫자들

예문: 2017년[이:천 십칠년], 461[사:백 육십 일], 5월 3일[오:월 삼일]

숫자를 읽을 때는 기수와 서수로 나뉘게 되는데 서수는 순서를 나타내는 말로 예를 들면 첫째, 둘째, 셋째를 말한다. 기수는 한자 계열 숫자와 우리말 계열 숫자로 또다시 나뉘는데 한자계열 숫자는 일, 이, 삼을 예로 들 수 있고 우리말 계열 숫자의 예시는 하나, 둘, 셋이다.

기수 우리말 계열의 예시

열, 스물셋, 서른다섯, 마흔여섯, 쉰:일곱, 예순아홉, 일흔일곱, 여든셋, 아흔하나

기수 한자 계열의 예시

십, 이:십삼, 삼십오, 사:십육, 오:십칠, 육십구, 칠십칠, 팔십삼, 구십구

우리말 계열 숫자(하나, 둘, 셋)는 우리말 계열 단위어(살)와 한자어 계열 숫자(사, 오)는 한자 계열 단위어(세歲)와 어울린다.

47살, 47세

[마흔일곱 살, 사:십칠 세]

[마흔 칠세(x), 사십 일곱 살(x)]

2019년[이:천 십구 년]

5월 8일[오:월 팔 일]

2명[두: 명]

47명이 숨지고 20명이 다쳤습니다[마흔 일곱명이 숨:지고 스무명이 다쳤습니다].

28기(期)[이:십 팔기]

5자(者) 회담[오:자 회:담]

4개국(開國)[사:개국]

숫자와 단위어 바르게 읽기

km[킬로미터] O, [키로미터] X

kg[킬로그램] O, [키로그램] X

mm[밀리미터] O, [미리미터] X

mg[밀리그램] O, [미리그램] X

cm[센티미터] O, [센치미터] X

지명의 장단음

우리나라의 지명에도 장단음이 있어 각각의 지명에 맞는 소리의 길이를 정확히 알고 발음해야 한다.

전라도 광주(光州) / 경기도 광:주(廣州)

강원도 영동(嶺東) / 충북 영:동(永同)

장음: 한:반도(韓半島), 대:한민국(大韓民國)[대:한민국], 한:국(韓國) 경:북(慶北), 경:남(慶南), 제:주(濟州), 세:종(世宗)

단음: 대구(大邱), 대전(大田)

성씨의 장단음

장음: 이(李)	**단음**: 이(伊), 이(異)
정(鄭)	정(丁)
조(趙)	조(曺)
임(任)	임(林)
정(鄭)	정(丁)

이 외 장음 성씨: 송(宋), 심(沈), 채(蔡), 공(孔), 변(卞), 신(愼), 마(馬), 맹(孟) 등

장단음 규칙

표준발음법 3장을 보면, 소리의 길이인 장단음을 어떻게 구분해야 하는지 자세하게 설명되어 있다. 장단음은 모음과 관련이 있으며, 단어의 1음절에서만 긴소리를 인정하고, 이하의 음절은 모두 짧게 발음하는 것을 원칙으로 한다. 그러므로 눈: 보라, 말: 씨, 밤: 나무와 같이 긴소리가 나는 눈:(雪), 말:(言), 밤:(栗)이 단어의 첫음절에 오면 긴소리를 유지한다. 그러나 첫눈(雪), 참말(言), 쌍동밤(栗)과 같이 긴소리는 단어의 첫음절을 벗어나면 긴소리를 내지 않는다. 또한, 봐:(보아), 돼:(되어), 둬:(두어), 해:(하여)와 같이 '-아/-어'가 결합하여 한 음절로 축약되는 경우에도 긴소리로 발음한다. 단, 와(오아), 쪄(찌어), 쳐(치어)는 예외다. 또 다른 예외사항으로, 반:신반:의, 선:남선:녀와 같이 합성어의 경우에 둘째 음절 이하에서도 긴소리를 인정한다. 하지만 반:반(半半), 영:영(永永), 서:서(徐徐)이처럼 반복되는 두 음절의 경우에는 절대로 둘째 음절을 긴소리로 발음하지 않는다(참고: 표준발음법).

입술 붙임 소리 훈련

입술을 정확하게 닫아가며 소리 내보자.

갑납 답랍 맙밥 삽압 잡찹 캅탑 팝합

겁넙 덥럽 멉법 섭업 접첩 컵텁 펍헙

곱놉 돕롭 몹봅 솝옵 좁촙 콥톱 폽홉

굽눕 둡룹 뭅붑 숩웁 줍춥 쿱툽 풉훕

급늡 듭릅 믑븝 습읍 즙츱 큽틉 픕흡

깁닙 딥립 밉빕 십입 집칩 킵팁 핍힙

- **오늘의 발음 훈련**

ㅁ 소리내기

코로 바람이 흐르듯이 빠져나가면서 나는 소리이며 입술이 붙었다가 떨어지면서 나는 입술소리다.

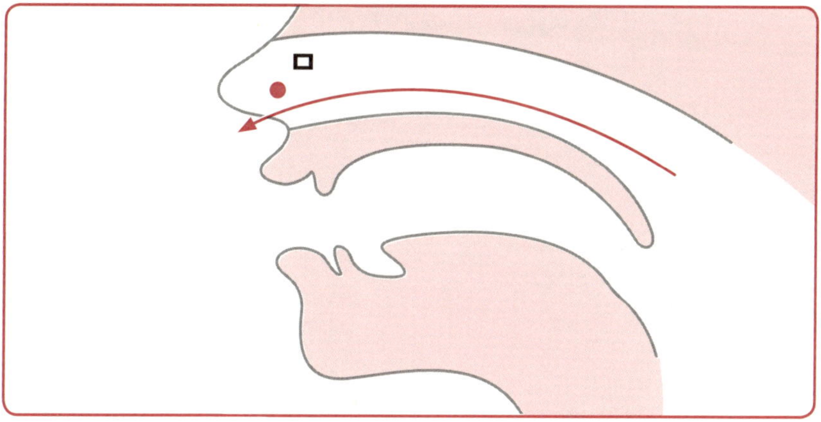

마먀머며모묘무뮤므미

마차 마술 모델 모자 매기 매실 메시지 모임 만두

모임을 **마**치고 본격적인 **만두 만**들기를 시작했다.

모기가 **많**아서 공동구**매**로 **모**기장을 구**매**했다.

주의해야 할 ㅁ 발음: 담임[다밈(O)] → 단임(X)

ㅂ, ㅃ, ㅍ 소리내기

ㅂ은 입술이 붙어서 바람이 빠져나가지 못하게 했다가 입이 열리면서 터지듯이 나는 소리다. 목에 힘을 주면서 된소리인 ㅃ, ㅎ 소리를 섞게 되면 거센소리인 ㅍ이 된다.

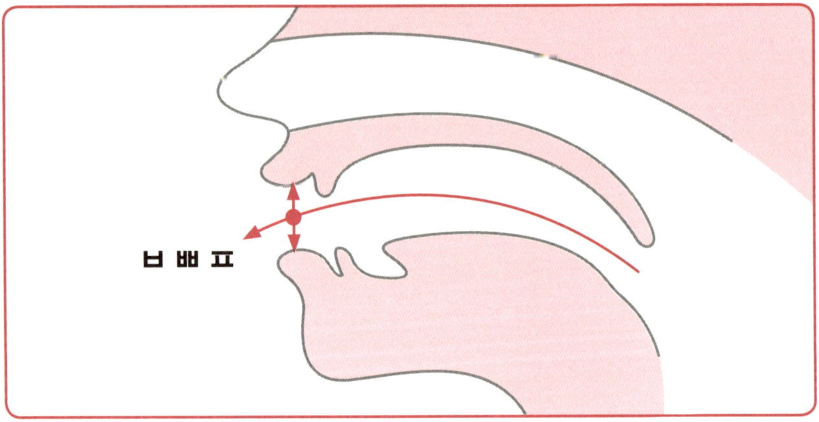

바뱌버벼보뵤부뷰브비

빠뺘뻐뼈뽀뾰뿌쀼쁘삐

파퍄퍼펴포표푸퓨프피

바다 바지 바가지 바위 바퀴

뽀빠이 빨대[빨때] 뽀로로 빨래 빵집[빵집]

패션 표적 표준어 표어 편성표

실**패**로 가는 **빠**른 길**보**다는 성공으로 가는 느린 길이 낫다[낟:따].

봄을 맞아 **패**션 **브**랜드들, **봄바**람[봄빠람]만큼 가벼운 재킷 **바**람 **분**다.

오늘의 훈련

소리 내어 읽으며 연습하세요
(장단음에 유의해서 소리 내보자)

문화재청은 연휴 기간인 3일부터 6일까지 경:복궁과 창덕궁 등: 4:대 궁과 종묘, 조선왕릉, 국립고궁박물관 등:의 주요 문화 유적지를 휴무 없이 전면 개방합니다. 이들 유적지는 곳에 따라 매:주 월요일 또는 화요일에 문을 닫았지만, 이번 연휴 기간에는 어린이날과 석가탄신일이 포함돼 전면 개방하기로 했습니다. 어린이날에는 초등학교 6학년 이:하 어린이를 동반한 가족 2:인은 무료로 관람[괄람]할 수 있습니다.

19세:기 이:전까지 중국과 러시아는 우리 동해를 거의[거:이] 모든 지도에서 동해로 표기했던 것으로 밝혀졌습니다[발켜저씀니다]. 우리나라와 중국, 러시아 학자[학짜]들이 참석한[참서칸] 동해 명칭 관련[괄련] 세[쎄]미나에서 중국 과학연:구원의 두명상 명예원장은 중국의 요,송 시대부터 청대 초까지 중국은 계:속 동해 또는 경해라는 표현으로 각종[각쫑] 지도와 문서에 통:일해 왔으며, 19세:기 중반 아편전:쟁을 계:기로 일본해라는 표현이 나타나기 시:작했:다고[시:자캐:타고] 지적했:습니다[지저캐:씀니다].

16회를 마치며 check!

연습 때마다 목소리를 녹음해 스스로 평가해보자.

호흡이 안정되어 있고 여유가 있는가?

힘 있는 발성이 되고 있는가?

발음의 전달력이 좋은가?

톤은 상황에 맞게 자연스럽게 조절되고 있는가?

말 안에 담겨 있는 표현력과 감정전달은 좋은가?

THIRTY MINUTES 30분

17. 귀에 쏙쏙 들어오는 목소리로 대화의 몰입도를 키워라

발음에 대해 가장 많이 고민하는 것이 ㅅ 발음이다. ㅅ 발음은 경구개를 마찰해서 나는 소리이며 ㄷ 발음은 경구개에 닿아서 나는 소리다. '수박'이란 단어를 '두박'으로 발음하게 되고, '선생님'이라는 단어를 '떤땡님'으로 소리 내는 등 ㅅ 발음이 둔탁해지는 이유는 마찰음임에도 불구하고 마찰하지 않고 ㄷ의 발음처럼 혀끝이 이에 닿거나 혀의 접촉면이 많아진다거나 혀가 이 사이로 나오는 경우다. 혀끝에 너무 힘을 주지 말고 정확한 조음점에서 마찰하면서 소리를 내도록 해야 한다. 본인의 언어습관의 문제점을 정확히 분석해서 차근차근 교정하길 권한다.

오늘 30분의 목표

1. ㅅ, ㅆ 소리내기
2. ㅈ, ㅉ, ㅊ 소리내기

• 오늘의 발음 훈련

ㅅ, ㅆ 소리내기

ㅅ은 입안이나 목청 사이의 통로를 좁히고 공기를 그 좁은 사이로 내보내며 마찰을 일으키면서 내는 소리다. 윗니 안쪽에 혀끝이 닿지 않고 마찰하거나 가까워지면서 나는 치조음이라 불린다. 목에 힘을 주면 된소리인 ㅆ 소리가 된다.

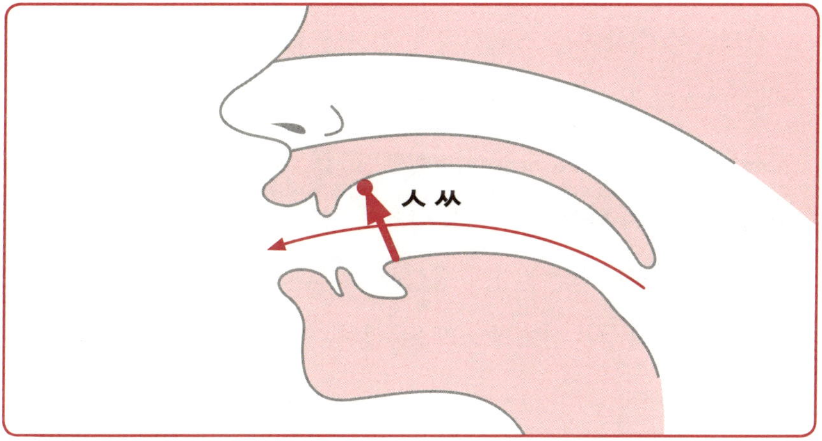

사샤서셔소쇼수슈스시

싸쌰써쎠쏘쑈쑤쓔쓰씨

사랑 서랍 소리 송어 수갑 성냥[성냥]
쌀 쏜살[쏜살] 쌍둥이 쑥떡[쑥떡]

삼국유사에 **실**린 **설**화에 **사**람을 **사**랑한 호랑이[호: 랑이] 이야기가 나와 있다.
쌀쌀한 기온 녹이는 훈훈한 인정 나눔 **소식**을 전합니다.

ㅅ 발음 집중 연습 문장
(발성과 장단음보다 ㅅ 발음에 집중하며 정확하게 읽어보자)

산새들이 **속삭**이는 **스**위**스**에서 온 **서른세 살** 된 미**세스 스**미**스 씨**와 미**스**터 **심슨 씨**는 **숲속**에**서 수사슴**을 **샅샅**이 **수색**하고, **설**립회**사**의 **상속**자인 **심순수**에게 **심신**에 좋다는 **산삼**을 **선**물했다. **삼**월 **삼십 삼**일 **세시 삼십 삼**분 **삼십 삼**초에 **시**내에서 **쉰세 살 시식수 씨**와 만나**서 스시 식**당에 가**서 싱싱**한 **스시**와 **샥스**핀을 먹고 **스산**한 **새**벽 **세시 삼십 삼**분 **삼**초에 **소리소문없이** 다시 **스**위**스**로 **사**라졌다.

ㅈ, ㅉ, ㅊ 소리내기
ㅈ은 파열음인 ㄷ과 마찰음인 ㅅ의 소리 내는 방식이 합쳐져 있는 파찰음이다. 입천장소리라고도 하며 경구개에 넓게 닿고 마찰을

일으키면서 발음된다. 목에 힘을 주면서 된소리인 ㅉ, ㅎ 소리를 섞게 되면 거센소리인 ㅊ이 된다.

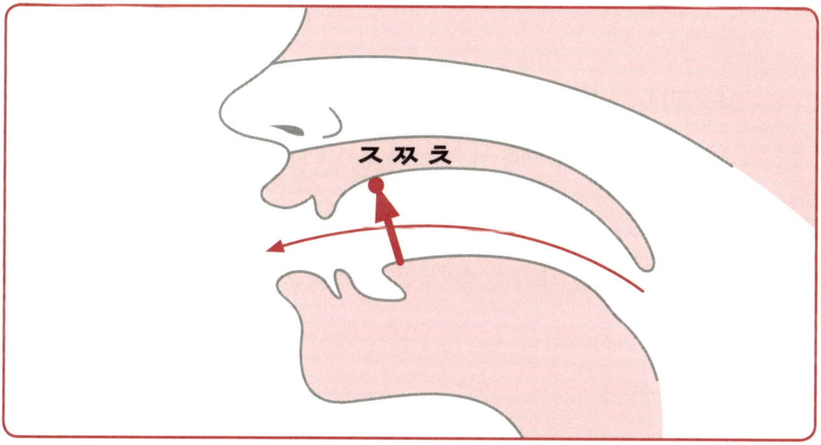

자쟈저져조죠주쥬즈지

짜쨔쩌쪄쪼쬬쭈쮸쯔찌

차챠처쳐초쵸추츄츠치

자두 조약돌 주전자 장난 장날

짜장면 짱구 찌개 쫄면 짝꿍

처음 청년 충북 차장 채용[채: 용]

제약사[제: 약싸] **채**용[채: 용]에 한**자**[한: 짜] **자**소서 등·새로운 **채**

용시스템을 도입[도: 입]했다.

짭조름한 햄은 김치**찌**개 등에 함께 넣어 끓이면[끄리면] 맛도 **좋**고 영양에도 효과**적**[효: 과적]이다.

ㅊ 발음 집중 연습 문장

(ㅊ 발음을 더욱 신경 쓰며 정확하게 읽어보자)

안 **촉촉**한 **초코칩** 나라에 살던 안 **촉촉**한 **초코칩**이 **촉촉**한 **초코칩** 나라의 **촉촉**한 **초코칩**을 보고 그 **초코칩처**럼 **촉촉**한 **초코칩**이 되고 싶어서 **촉촉**한 **초코칩** 나라에 갔는데 **촉촉**한 **초코칩** 나라의 **초**소에서 **초**반부터 '넌 지금 **촉촉**한 **초코칩**이 아니고 안 **촉촉**한 **초코칩**이니 안 **촉촉**한 **초코칩**나라로 돌아가'라는 **청천**벽력 같은 이야기를 듣고 안 **촉촉**한 **초코칩**은 안**촉촉**한 **초코칩**나라로 돌아올 수밖에 없었다.

된소리와 거센소리 알기

목에 힘을 주게 되면 예사소리에서 된소리가 된다.

ㄱ → ㄲ

ㅂ → ㅃ

ㄷ → ㄸ

ㅅ → ㅆ

ㅈ → ㅉ

ㅎ 소리를 섞으면 예사소리에서 거센소리가 된다.

ㅂ → ㅍ

ㄷ → ㅌ

ㅈ → ㅊ

음의 첨가

합성어 및 파생어에서, 앞 단어나 접두사의 끝이 자음이고 뒤 단어나 접미사의 첫음절이 '이, 야, 여, 요, 유'인 경우에는, 'ㄴ' 음을 첨가하여 [니, 냐, 녀, 뇨, 뉴]로 발음한다.

솜-이불[솜ː니불] 꽃-잎[꼰닙] 내복-약[내ː봉냑]

한-여름[한녀름] 신-여성[신녀성] 색-연필[생년필]

직행-열차[지캥녈차] 늑막-염[능망념] 콩-엿[콩녇]

담-요[담ː뇨] 영업-용[영엄뇽] 식용-유[시공뉴]

사이시옷이 붙은 단어

ㄱ, ㄷ, ㅂ, ㅅ, ㅈ으로 시작하는 단어 앞에 사이시옷이 올 때는 이들 자음만을 된소리로 발음하는 것을 원칙으로 하지만 사이시옷

을 [ㄷ]으로 발음하는 것도 허용하고 있다.

냇가[내: 까/낻: 까] 샛길[새: 낄/샏: 낄] 뱃속[배쏙/밷쏙]
콧등[코뜽/콛뜽] 깃발[기빨/긷빨] 햇살[해쌀/핻쌀]

사이시옷 뒤에 'ㄴ, ㅁ'이 결합되는 경우에는 [ㄴ]으로 발음한다.

콧날[콛날→콘날] 아랫니[아랟니→아랜니] 뱃머리[밷머리→밴머리]

사이시옷 뒤에 '이' 음이 결합되는 경우에는 [ㄴㄴ]으로 발음한다.

베갯잇[베갣닏→베갠닏] 깻잎[깯닙→깬닙] 나뭇잎[나묻닙→나문닙]

오늘의 훈련

소리 내어 읽으며 연습하세요
(ㅅ, ㅆ, ㅈ, ㅉ, ㅊ 발음에 유의해서)

오스트리아 화가[화:가] 구스타프 클림트는 설탕 제조업자이자 금융업자인 페르디난트 블로흐와 결혼한 아델레 블로흐 바우어를 사랑한 것으로 알려졌다. 빈의 스타 화가로[화:가로] 떠오른 클림트는 처음에 아델레와 화가, 컬렉터로 인연을[이녀늘] 맺었다. 둘[둘:] 사이에 특별한 관계의 징후가 포착된[포:착된] 것은 아델레가 클림트에게 초상화 주문을[주:무늘] 맡기면서부터다. 두[두:] 사람은[사:라믄] 화가와 모델 사이였으며 아델레는 클림트를 위해 매우 아름다운 그림의 모델이 돼줬다.

17회를 마치며 check!

연습 때마다 목소리를 녹음해 스스로 평가해보자.

호흡이 안정되어 있고 여유가 있는가?

힘 있는 발성이 되고 있는가?

발음의 전달력이 좋은가?

톤은 상황에 맞게 자연스럽게 조절되고 있는가?

말 안에 담겨 있는 표현력과 감정전달은 좋은가?

THIRTY MINUTES 30분

18. 스스로를 래퍼라고 생각하라

발음이 부정확해 가사를 종종 흘러버리는 한 래퍼는 저 자신의 단점을 보완하기 위해, 플레이어의 속도를 1.5배 빠르게 해서 노래를 따라 부르고 난 다음, 다시 천천히 1배속으로 부른다고 한다. 이는 노래가 느리게 느껴져 쉽게 랩을 할 수 있기 때문이다. 달리기도 마찬가지다. 100m 달리기 연습을 계속하다가 어느 날 50m 달리기를 하면 어렵지 않게 느껴진다. 발음에서도 어려운 단어와 문장을 자주 말하다 보면 일상에서 사용되는 언어는 편하고 쉽게 느껴질 것이다.

오늘 30분의 목표

1. 어려운 발음 연습문장 연습하기
2. ㅇ, ㅎ 소리내기

아래의 단어들은 경음화가 일어나는 단어들이라 된소리로 소리 내야 한다. 받침 ㄱ(ㄲ, ㅋ, ㄳ, ㄺ), ㄷ(ㅅ, ㅆ, ㅈ, ㅊ, ㅌ), ㅂ(ㅍ, ㄼ, ㄿ,ㅄ) 뒤에 연결되는 ㄱ, ㄷ, ㅂ, ㅅ, ㅈ은 된소리로 발음한다.

국밥[국빱] 깎다[깍따] 닭장[닥짱] 옷고름[옫꼬름]
있던[읻떤] 꽂고[꼳꼬] 꽃다발[꼳따발] 낯설다[낟썰다]
덮개[덥깨] 옆집[엽찝] 읊조리다[읍쪼리다] 값지다[갑찌다]

어간 받침 ㄴ(ㄵ), ㅁ(ㄻ) 뒤에 결합되는 어미의 첫소리 ㄱ, ㄷ, ㅅ, ㅈ은 된소리로 발음한다.

신고[신ː꼬] 껴안다[껴안따] 앉고[안꼬]
닮고[담ː꼬] 젊지[점ː찌] 얹다[언따]

어간 받침 ㄼ, ㄾ 뒤에 결합되는 어미의 첫소리 ㄱ, ㄷ, ㅅ, ㅈ은 된소리로 발음한다.

넓게[널게] 핥다[할따] 떫지[떨: 찌]

한자어에서, ㄹ 받침 뒤에 연결되는 ㄷ, ㅅ, ㅈ은 된소리로 발음한다.

갈등[갈뜽] 절도[절또] 일시[일씨]
갈증[갈쯩] 물질[물찔] 발전[발쩐]

관형사형 -(으)ㄹ 뒤에 연결되는 ㄱ, ㄷ, ㅂ, ㅅ, ㅈ은 된소리로 발음한다.

할 것을[할꺼슬] 갈 데가[갈떼가] 할 바를[할빠를]
할 수는[할쑤는] 할 적에[할쩌게] 만날 사람[만날싸람]

다만, 끊어서 이야기할 때는 예사소리로 발음한다.

표기상으로는 사이시옷이 없더라도, 관형격 기능을 지니는 사이시옷이 있어야 할(휴지가 성립되는) 합성어의 경우에는, 뒤 단어의 첫소리 ㄱ, ㄷ, ㅂ, ㅅ, ㅈ을 된소리로 발음한다.

눈-동자[눈똥자] 신-바람[신빠람] 산-새[산쌔]

손-재주[손째주] 길-가[길까] 발-바닥[발빠닥] 술-잔[술짠]

바람-결[바람껼] 그믐-달[그믐딸] 아침-밥[아침빱]

강-가[강까] 초승-달[초승딸] 등-불[등뿔] 강-줄기[강쭐기]

반대로 주의해야 할 경음 [X]

소나기[쏘나기] 교과서[교꽈서] 고가도로[고까도로] 창고[창꼬]

불법[불뻡] 간단하다[간딴하다] 등기[등끼] 창구[창꾸]

동그라미[똥그라미] 공짜[꽁짜] 창고[창꼬]

소나기는 쏘나기라고 발음하는 것이 아니라 소나기로 발음해야 한다. 된소리로 발음해서는 안 되는 곳을 된소리로 소리 내게 되면 강하고 거친 이미지가 만들어진다. 화가 많은 사람들의 목소리에는 된소리가 많이 섞여 있다. 평소 언어습관에서 불필요한 된소리를 덜어내고 부드럽고 아름다운 말을 하도록 하자.

ㅇ 소리내기

ㅇ은 코로 바람이 빠지며 나는 소리이며 혀의 뒷부분들 연구개에 가까이하고 발음한다.

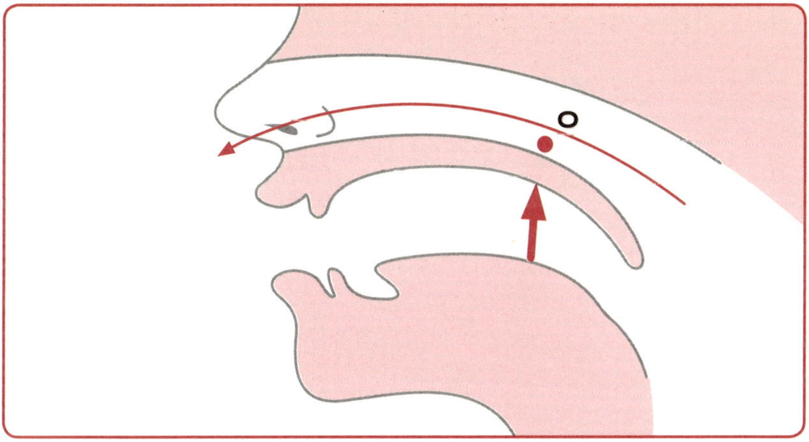

아 야 어 여 오 요 우 유 으 이

영양 평양 태평양[태평냥] 인연 우엉 양파

옹알이 아기**의 언어** 기억, **여**든까지 간다.

영향력[영: 향녁] **있**는 100**인** 명단을 **이야기**하며, **그의 용**기[용: 기]**에** 큰 감**명**[감: 명]**을** 받**았**다고 했다.

주의해야 할 ㅇ 발음: 명랑하다 → 면랑하다(x)

ㅎ 소리내기

ㅎ은 모음에 따라 소리가 나는 위치가 달라진다. 목청소리라고

하며 기본 위치는 목구멍이며 마찰하면서 소리가 만들어진다.

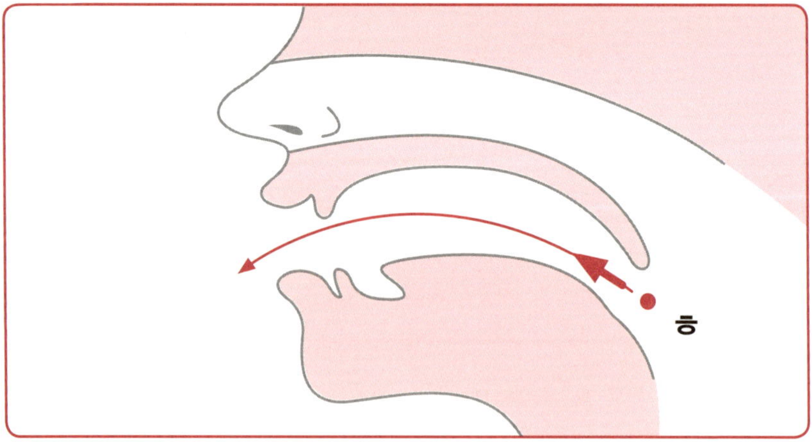

하 햐 허 혀 호 효 후 휴 흐 히

한국[한: 국] 하늘 호두 합격[합껵] 하트 후추 휘파람 형수 현미 호밀

합격을[합껴글] 기원**하**는 **하**트를 만들며 손을 **흔**들었다

하루종일 **흔**들바위 아래에서 **햇**살을[해싸를] 맞으며[마즈며] **홍**[홍:]에 겨웠다.

ㅎ 발음 주의

오후: [오우](x) → [오후](o)

위험: [위엄](x) → [위험](o)

음향: [음양](x) → [음향](o)

히 음절로 연습하기

얼굴 근육을 활용해서 입술 양 끝에 힘을 주면서 소리 낸다.

간편'**히**' 정확'**히**' 고요'**히**' 조용'**히**'

분명'**히**' 각별'**히**' 무난'**히**' 고요'**히**'

받침 ㅎ의 발음

ㅎ(ㄶ, ㅀ) 뒤에 ㄱ, ㄷ, ㅈ이 결합되는 경우에는, 뒤 음절 첫소리와 합쳐서 [ㅋ, ㅌ, ㅊ]으로 발음한다.

놓고[노코] 좋던[조:턴] 쌓지[싸치]

많고[만:코] 않던[안턴] 닳지[달치]

ㅎ(ㄶ, ㅀ) 뒤에 ㅅ이 결합되는 경우에는, ㅅ을 [ㅆ]으로 발음한다.

닿소[다쏘] 많소[만:쏘] 싫소[실쏘]

ㅎ 뒤에 ㄴ이 결합되는 경우에는, [ㄴ]으로 발음한다.

놓는[논는] 쌓네[싼네]

ㅎ(ㄶ, ㅀ) 뒤에 모음으로 시작된 어미나 접미사가 결합되는 경우에는, ㅎ을 발음하지 않는다.

놓아[노아] 쌓이다[싸이다] 싫어도[시러도]
많아[마: 나] 않은[아는] 닳아[다라]

어려운 발음 연습

(집중해서 틀리게 않게 읽어보자)

1. 건강검진진료 장충동족발 디엘알파토코페롤 글리콜에스테르
2. 말토덱스트린 실리콘디옥사이드 철분혼합제제 철수책상철책상
3. 방충망제거 농림수산식품부 합성착향료 척추측만증
4. 농수산식품 간장공장공장장 쇠철창살 경찰청철창살
5. 법학박사 대우로얄뉴로얄 한국관광공사 강력접착제
6. 촉촉한초코칩 깐콩깍지 홍합탕 식품의학품안전청
7. 안흥팥찜빵 돌솥비빔밥 양념꼼장어 참치꽁치찜

8. 합성착향료 붉은팥풋팥죽 절대접근금지 상담담당선생님

9. 국세청연말정산 한라산산삼 게살샥스핀 확률분포표

오늘의 훈련

소리 내어 읽으며 연습하세요
(오독이 없도록 집중하여 소리 내보자)

어려운 발음 연습용 문장

1. 간장 공장 공장장은 강 공장장이고 된장 공장 공장장은 공 공장장이다.
2. 박 법학박사님과 백 법학박사님께서 상담담당 서 선생님을 추천해 주셨다.
3. 작년에 온 솥 장수는 헌 솥 장수이고, 금년에 온 솥 장수는 새 솥 장수이다.
4. 상표가 붙어있는 저 큰 깡통은 깐 깡통일까? 안 깐 깡통일까?
5. 중앙청 창살은 쌍창살이고, 시청의 창살은 외창살이다.
6. 멍멍이네 꿀꿀이는 멍멍해도 꿀꿀하고, 꿀꿀이네 멍멍이는 꿀꿀해도 꿀꿀한다.
7. 생각이란 생각하면 할수록 생각나는 게 생각이므로 생각하지 않는 생각이 좋은 생각이라 생각한다.

8. 안흥팥찜빵맛과 안산팥찜빵맛은 달달한 맛인가? 달콤한 맛인가? 안흥팥찜빵이 더 달달한가? 안산팥찜빵이 더 달콤한가?

9. 돌솥비빔밥을 비벼서 먹었더니 산채비빔밥을 비벼 먹고 싶고, 산채비빔밥을 비벼서 먹었더니 돌솥비빔밥을 비벼 먹고 싶다. 내일은 비빔국수를 비벼 먹어야겠다.

10. 여유롭게 영어를 잘하는 영철이의 여자친구는 영국여행을 다녀온 영철이의 영어 실력이 영국 사람과 영어로 영리하게 대화를 할 수 있는 영특한 영어 실력인지, 영어 번역기로 영어문장을 만들어서 영어표현을 해야 하는 영어 실력인지 궁금했다.

11. 꽁치찜을 좋아하는 춘자는 꽁치찜집에 꽁치찜을 먹으러 가려고 참치 꽁치찜을 먹을지 목살 꽁치찜을 먹을지 고민하다가 춘천에 있는 참치 꽁치찜집이 유명하다고 들어서 춘천에 참치 꽁치찜을 먹으러 가려고 하다가, 천안에 있는 목살 꽁치찜집의 목살 꽁치찜이 더 맛있다는 이야기를 듣고 춘천의 참치 꽁치찜집으로 가지 않고 천안의 목살 꽁치찜집으로 가서 목살 꽁치찜을 맛있게 먹고 다른 사람들에게 목살 꽁치찜집을 추천했다.

18회를 마치며 check!

연습 때마다 목소리를 녹음해 스스로 평가해보자.

호흡이 안정되어 있고 여유가 있는가?

힘 있는 발성이 되고 있는가?

발음의 전달력이 좋은가?

톤은 상황에 맞게 자연스럽게 조절되고 있는가?

말 안에 담겨 있는 표현력과 감정전달은 좋은가?

part 2를 마치며 점검해보자!

□ 자음에 따라 혀의 위치가 정확히 이동하고 있는가?

□ 얼굴 근육을 많이 활용하며 연습하고 있는가?

□ 오래 이야기해도 목에 무리가 가지 않는가?

□ 소리가 입에서 맴돌지 않고 자신감 있게 앞으로 전달되는가?

□ 빠르게 이야기할 때도 받침 발음을 놓치지 않고 있는가?

□ 장단음을 신경 쓰며 의미전달을 더욱 명확히 하고 있는가?

□ 모음의 발음이 헷갈리게 들리지 않고 정확히 들리게 말하고 있는가?

□ 어려운 발음 문장을 연습할 때 오독이 많지는 않은가?

□ 이중모음을 놓치지 않고 정확히 지켜 소리 내고 있는가?

□ 여유를 가지고 전체적인 문장을 읽고 있는가?

평가

1~3개: 다시 책을 읽어보며 연습한다.

4~7개: 필요한 부분만 발췌해 다시 연습한다.

8~10개: Good~!! part 3로 넘어간다!!

PART 3

톤과 표현력의 중요성 알기

강조법을 이용한 진심 어린 말하기

세련된 표준어 구사하기

목소리의 완급 조절하기

친절하고 우아한 목소리로 말하기

감정을 녹여내는 생동감 있는 목소리 만들기

훈련하기 전 매일 5분 워밍업

1. 복식호흡으로 훈련 전 준비 상태 만들기

1) 들숨

–1부터 4까지 마음속으로 세면서 공기를 코로 들이마신다.

2) 날숨

–날숨 때는 천천히 배가 조금씩 들어간다.

–1부터 8까지 숫자를 세면서 숨을 내쉰다.

3) 응용

–2초간 숨을 들여 마셨다가 4초간 내쉰다.

–5초간 숨을 들여 마셨다가 10초간 내쉰다.

–8초간 깊게 들이쉬고 16초간 서서히 내쉰다.

2. 발성 연습으로 목 풀기

1) (아랫배에 힘을 주고, 목구멍을 열고) 아~(5초), 아~(10초), 아~(15초) 동안 발성한다.

2) 음~소리를 내며 공명을 느껴 보고, 가~하까지 계속해서 소리 낸다.

음~(2초) 가~ 음~(2초) 아~

음~(2초) 나~ 음~(2초) 자~

음~(2초) 다~ 음~(2초) 차~

음~(2초) 라~ 음~(2초) 카~

음~(2초) 마~ 음~(2초) 타~

음~(2초) 바~ 음~(2초) 파~

음~(2초) 사~ 음~(2초) 하~

3. 입을 크게 열고 복식호흡을 활용하여 스타카토 혹은 레가토로 큰 소리로 발성해보자.

가/나/다/라/마/바/사/아/자/차/카/타/파/하

거/너/더/러/머/버/서/어/저/처/커/터/퍼/허

개/내/대/래/매/배/새/애/재/채/캐/태/패/해

고/노/도/로/모/보/소/오/조/초/코/토/포/호

구/누/두/루/무/부/수/우/주/추/쿠/투/푸/후

그/느/드/르/므/브/스/으/즈/츠/크/트/프/흐

기/니/디/리/미/비/시/이/지/치/키/티/피/히

THIRTY MINUTES 30분

19.

강약조절과 완급조절로 목소리를 성형하라

오디션 프로그램을 보고 있노라면 감탄사가 절로 나오고 입이 떡 벌어진다. 우리나라에 노래를 잘하는 사람이 그렇게 많다니 나로서는 누가 잘하는지 도저히 가늠하기 힘들다. 하지만 집중해서 유심히 듣고 있으면 그 차이가 느껴진다. 음정의 차이도 중요하지만, 강약을 잘 조절해야 노래의 감정이 제대로 살아난다. 스피치도 마찬가지다. 무미건조하게 일정한 톤으로 말을 하게 되면 감동이 없다. 심금을 울리고 진심을 전달하기 위해서는 강약조절이 중요하다.

오늘 30분의 목표

1. 강조기법 알기 I
2. 강약과 완급조절 적용하기

표현하기-강조기법 I

1. **높임 강조:** 밑줄 친 부분을 힘주어 이야기한다.

 당당한 스피치는 나를 빛나게 합니다.

 당당한 스피치는 나를 빛나게 합니다.

 당당한 스피치는 나를 빛나게 합니다.

2. **낮춤 강조:** 밑줄 친 부분에 힘을 빼고 이야기한다.

 나의 인생에서 그때가 가장 큰 고비였습니다.

 매일 행복했지만, 한편으로는 너무나 불안했습니다.

 가지고 있던 주식이 내려가면서 고민이 시작됐습니다.

3. **멈춤 강조:** 사선(/) 부분에 쉬고 이야기한다.

 무엇이 가장 중요할까요?/ 바로/// 경청입니다.

 스피치의 목적은/// 나의 말을 기억하게 하는 것입니다.

 여러분/ 성공하기 위해서 필요한 것은///노력입니다.

4. 느림 강조: 밑줄 친 부분을 천천히 눌러서 이야기한다.

이론보다는 실습이 중요합니다.

하지 못한 일에 대해서는 미련이 남기 마련입니다.

본인의 의견을 정확하게 제시해주시기 바랍니다.

성공에 가까이 가기 위해서는 변화와 혁신에 도전해야 합니다.

스마일스피치에서 당신의 달라진 모습을 확인하세요!

5. 빠름 강조: 밑줄 친 부분을 빠르게 이야기한다.

작년 이맘때쯤인가 비슷한 일이 있었지.

조금 빠르게 진행하도록 하겠습니다. 자 이번에는 원장님 축사가 있겠습니다.

점점 깊은 물속으로 빨려들어 갔습니다. 그리고 눈앞이 흐려졌습니다.

강약과 완급조절

-온화하게 천천히 여유 있게 도입

어느 여름날 저녁. 조용하고 아주 평화로운 시간이 흘러가고 있었습니다.

-심상치 않은 긴장감과 불안감의 전달, 속도를 조금 더 붙여서

그런데 갑자기 하늘에 검은 구름이 몰려오기 시작했습니다. 들판의 갈대들에 미동이 느껴지더니 흔들리기 시작하고, 불안한 기운이 느껴지는 바람에 기분이 이상해졌습니다.//

-긴박함을 알리듯 강한 어조와 빠른 템포로 이야기

어두워진 하늘에서 빛이 번쩍번쩍하더니 마침내 굵은 빗방울이 뚝뚝 떨어지기 시작했습니다. 서둘러 돌아갈 채비를 하는데 빗줄기는 더욱 거세져 바닥에 툭툭 튀어 올랐습니다.

-이야기의 클라이맥스. 강하게 이야기하며, 템포는 천천히 → 기대감 유발

그때였습니다./////

번쩍번쩍, 대낮처럼 주위를 밝히며 순간적으로 번개가 내리쳤습니다.

불안감은 정점으로 치닫고 땅을 울리듯 엄청난 천둥소리가 들려왔습니다.///

-허탈한 상태 표현. 힘 빼고 템포 늦춰 이야기

그 후 정적이 흘렀고//

경직되었던 몸이 풀리면서/ 그 자리에 털썩/ 주저앉고 말았습니다.

-다시 평온하게 돌아온 호흡, 평화롭게 마무리

조금 시간이 흐르자/ 아무 일도 없었다는 듯// 하늘에는 무지개가 뜨고 맑은 하늘로 돌아왔습니다.

MC 원고로 강조기법 표현하기!

안녕하십니까? 주말에 짜릿한 한.판.승.부! 〈스타카토 강조〉

스포츠를 더욱더〈천천히〉 재미있게 즐길 수 있는 시간입니다.

오늘부터 YTN 스포츠 100배 즐기기,〈UP〉스포츠 24를 진:행하게 된 아나운서 ○○○입니다.

'아:는 만큼 보인다.'라는 말:이 있죠,

스포츠에도 '아:는 만큼 즐긴다'라는 말:이 있습니다.

생생한 스포츠를 쉽고 재미있게 즐길 수 있는 방법!〈포즈〉

YTN 스포츠〈천천히〉에서 전해드리겠습니다.

지난주에는 그야말로 흥:미진진 했던 경:기들로

스포츠팬들에게는 정:말 행복했던 한 주였는데요.

먼저〈UP〉 K리그 수원과 울산의 경기 하이라이트부터 함께 하시죠〈DOWN〉.

지난 20일입니다.

수원 월드컵 경:기장에서 열린 수원과 울산의 경:기〈UP〉

전반 골문[골문]이 막히면서 0:0으로 답답한 경:기가 이어졌는데요.〈DOWN〉

경:기 후:반 25분입니다.

수원 송종국의 크로스를 받아서 신영록의 헤딩 슛!〈포즈〉선취골을 뽑아냅니다.

후:반 추가 시간 수원의 곧잡이 애듀의 추가골 2:0으로 무실점 연승을 이어간 수원이었습니다.

날씨 대본으로 트레이닝

(밑줄 친 부분을 강조해 읽어보세요)

오늘 아침까지만 해도 매섭게 추웠습니다. 낮에는 기온이 10도 이상 올라서 대부분[대:부분] 영상권 기온을 회복했는데요.

내일부터는 출근길에도 추위가 한결 덜[덜:] 하겠습니다.

내일 서울 아침 기온은 영하 5도[오:도], 낮 기온은 영상 4도[사:도]로 평년 기온을 1~2도가량 웃돌겠습니다.

다른 지역은 대전 영하 7도, 광주와 대구 영하 4도로 오늘보다 많게는[만:케는] 4도나 높겠습니다.

다만, 중부와 일부 지역에는 여전히 한파주의보가 내려진 가운데 철원은 영하 12도까지 내려가겠습니다.

내일도 전국이 파란 하늘과 함께 낮 동안 미세먼지 걱정도 없겠습니다[업:께씀니다].

다만[다:만], 날씨가 건조해서 중부와 영남, 전남 일부에는 계속해서[계:소캐서] 건조 주의보가 발효 중입니다.

불이 나면 큰불로 번질 위험이 있기 때문에 불씨 관리 잘 해주셔야겠습니다.

당분간 한파는 피해가겠습니다. 다만 절기상 대한인 금요일에는[그묘이레는] 전국에 눈이[누:니] 내리겠고,

주말에는 다시 기온이 큰 폭으로 내려갈 전망입니다[전:망임니다].

지금까지 날씨였습니다.

오늘의 훈련 | 소리 내어 읽으며 연습하세요
(여유를 가지고 분위기 있게)

편지

그립다고 써보니
차라리 말을 말자
그저 긴 세월이 지났노라고만 쓰자

긴긴 사연을 줄줄이 이어
진정 못 잊는다는 말을 말고
어쩌다 생각이 났노라고만 쓰자

잠 못 이루는 밤이면
울었다는 말을 말고
가다가 그리울 때도
잊었노라고만 쓰자

별 헤는 밤

계절이 지나가는 하늘에는
가을로 가득 차 있습니다
나는 아무 걱정도 없이
가을 속의 별들을 다 헤일 듯합니다
가슴 속에 하나둘 새겨지는 별을
이제 다 못 헤는 것은
쉬이 아침이 오는 까닭이요
내일 밤이 남은 까닭이요
아직 나의 청춘이
다하지 않은 까닭입니다

윤동주 시 중에서

19회를 마치며 check!

연습 때마다 목소리를 녹음해 스스로 평가해보자.

호흡이 안정되어 있고 여유가 있는가?

힘 있는 발성이 되고 있는가?

발음의 전달력이 좋은가?

톤은 상황에 맞게 자연스럽게 조절되고 있는가?

말 안에 담겨 있는 표현력과 감정전달은 좋은가?

THIRTY MINUTES
30분

20.
표현력이 좋은 사람이 인간관계도 원만하다

표현력이란 생각과 느낌 등을 언어나 몸짓으로 나타내는 능력이다. 사실 표현력이라는 것은 생각보다 간단한 문제다. 도움을 받았을 때 고맙다고 이야기하고 피해를 줬을 때는 미안하다고 말하는 것에서부터 시작한다. 표현력을 키우는 연습을 하다 보면 내적으로 많은 변화가 일어나서 외적인 모습의 변화까지 이어지게 된다. 표현력이 좋다는 것은 자존감이 높다는 것과도 일맥상통하며 우리의 삶을 행복에 한 발짝 더 가깝게 한다. 구체적인 표현방법을 습득해보자.

오늘 30분의 목표

1. 강조기법 알기 II
2. 영상 화법 적용하기

표현하기-강조기법 II

6. 늘리는 강조: 물결 부분을 늘려 이야기한다.

당신에게 가~장 소중한 가치를 생각해 보세요.

지금 이렇게 준비하는 자세가 정~말 중요합니다.

이번 약속을 꼬~옥 지켜주세요.

7. 반복강조: 같은 단어를 여러 번 이야기한다.

이번 역은 잠실, 잠실역입니다.

98,000원, 98,000원에 구매 가능합니다.

우리의 꿈은 통일, 꿈에도 소원은 통일입니다.

8. 도치 강조: 문장 구성의 순서를 뒤바꾸어 이야기한다.

나는 이 순간이 너무 좋아 → 나는 너무 좋아. 이 순간

그 사람 어때? → 어때? 그 사람

네 감정에 대해 말할 수 있겠어? → 말할 수 있겠어? 네 감정

정말 사랑해. → 사랑해. 정말

9. **감정 강조:** 밑줄 친 부분에 감정을 실어 이야기한다.

사랑합니다. 그리고 존경합니다.

비겁하게 돌아서던 그 날을 생각하면… 부끄럽지 않으신가요?

예전보다 포동포동 살이 올랐어.

동작과 표정, 목소리로 상황별 감정을 설명하기

(감정의 크기를 최대한 적극적으로 표현해보라)

– 미각(맵다, 달다, 쓰다, 시다…)

– 청각(시끄럽다, 조용하다…)

– 후각(음식 냄새, 향수 냄새…)

– 시각(멋지다, 아름답다…)

– 촉각(부드럽다, 딱딱하다…)

생생한 영상 화법 활용해보기

화창한 가을 날씨가 청명한 요즘입니다[요즈밈니다]. 날씨가 좋아서 나들이[나드리] 떠나는 분들이 많으실[마:느실] 텐데요.

오늘은 가장 아름다운 단풍을 볼 수 있는 단풍명소를 소개해드리려고 합니다!

어디로 가야 가장 예쁜[예:쁜] 단풍을 볼 수 있을까요? 네!

대한민국의 단풍 명소라고 하면 단연코[다:년코] 이곳이죠.

바로 설악산[서락싼]! 제가 설악산의[서락싸네] 아름다운 풍경을 모두 모아 영상에 담아봤습니다~

기대되시죠? 함께 보시죠!

와우~정말이지[정:마리지] 아름다운 장관이[장:과니] 펼쳐지고 있습니다.

말[말:] 그대로 물감을[물까믈] 풀어놓은 듯한 풍경이 인상적이지 않으신가요? 그렇지만!

단풍놀이 갈 때 주의할[주:이할] 점이 있습니다!

산은 해가 빨리 지기 때문에 날씨가 급격히 추워질 수 있습니다.

그렇기 때문에 너무 얇은[얄:븐] 옷차림보다는 얇은 옷을 여러 겹으로 겹쳐 입어 보온에[보:오네] 신경을 쓰시고요~ 깊은 산속에서는 뱀에게[배:메게] 물릴 위험도 있으니 가급적[가:급쩍] 짧은 바지보다 긴[긴:] 바지를 입으시는 것이 좋겠습니다. 설악산 단풍 이번 주까지 절정이라고 하니까 꼭 가보시기 바랍니다!

재미를 주기 위한 또 하나의 방법으로는 " "(따옴표)를 잘 활용하는 것이다.

다음 대본을 읽으며 따옴표 안의 글을 상황에 맞게 묘사하면서 소리 내어 읽어보자.

오늘의 훈련	소리 내어 읽으며 연습하세요

어느 날, 비단장수가 원님을 찾아왔어요.

"낮잠을 자고 일어나보니 비단이 없어졌습니다요."

"그때 옆에 아무도 없었더냐?"

"네, 옆에는 장승 밖에 없었습니다요."

"여봐라, 그 장승을 당장 잡아 오도록 하여라."

원님은 잡아 온 장승을 호되게 꾸짖었어요.

"네 이놈! 네가 비단을 훔쳤겠다. 당장 저 못된 장승에게 곤장을 치도록 하여라."

재판을 구경하고 있던 마을 사람들은 수군수군 거리기 시작했습니다.

"별안간 원님이 무얼 잘못 잡수셨나? 살아있지도 않은 나무 장승에게 도둑이라니"

"그러게, 글쎄 말이유, 아무래도 원님이 이상한 것 같지 않수?"

그러자 원님은 버럭 화를 냈습니다.

"감히 내 재판을 비웃다니, 모두 감옥에 가두어라."
갑자기 감옥에 갇힌 사람들은 원님에게 용서를 구했습니다.
"원님, 잘못했습니다. 제발 좀 풀어주십시오."
"그래? 그렇다면 벌금으로 비단 한 필씩을 가지고 오너라."
그리고 원님은 비단장수를 불렀어요.
"이 비단들 중에서 잃어버린 네 비단을 찾아 보거라."
"예, 원님. 이 비단이 바로 제 비난이옵니다."
원님은 나머지 비단들은 모두 되돌려주었어요.
그리고는 비단장수가 가리킨 비단의 주인인 최 서방을 불렀어요.
"이놈! 네가 이 비단을 훔친 도둑이렸다!"
최 서방은 깜짝 놀라 싹싹 빌며 바닥에 엎드렸어요.
원님의 지혜로운 재판 덕분에 비단장수는 비단을 찾을 수 있었어요.

전래동화 《원님과 비단장수》 중에서

헷갈리는 우리말 사용

(헷갈리는 우리말을 정확히 알고 잘못 사용하지 않도록 주의하자)

돼라 / 되라: 돼라는 되-에어라는 어미가 결합하여 준말이다.

ex) 성공한 사람이 돼라(ㅇ), 안돼요(ㅇ), 안되요(x)

던지 / 든지: 던지는 과거를 회상하며 의문을 나타낼 때이고, 든지는 어떤 선택이나 상관이 없음을 나타낼 사용한다.

ex) 그해 여름 얼마나 덥던지 모르겠어(ㅇ), 한식을 먹든지, 중식을 먹든지 괜찮아(ㅇ)

로서 / 로써: 로서는 신분과 지위를 나타낼 때이고, 로써는 수단이나 도구를 나타낼 때 사용한다.

ex) 선생님으로서 이야기할게(ㅇ), 쌀로써 떡을 만든다(ㅇ)

뵈요/봬요: 봬-는 뵈어의 줄임말로서만 사용한다.

ex) 내일 뵈요(x), 내일 봬요(ㅇ)

며칠 / 몇일: 1988년에는 몇일이 표준어였으나 그 이후 며칠로 바뀌었다.

ex) 며칠만이야?(ㅇ), 몇일만이야?(x)

왠지 / 웬지: 왠지는 왜 그런지의 준말이며 웬지는 어떠한지의 준말이다.

ex) 왠지 가슴이 뛴다(ㅇ), 웬일이니?(ㅇ), 웬 떡이야?(ㅇ)

20회를 마치며 check!

연습 때마다 목소리를 녹음해 스스로 평가해보자.

호흡이 안정되어 있고 여유가 있는가?

힘 있는 발성이 되고 있는가?

발음의 전달력이 좋은가?

톤은 상황에 맞게 자연스럽게 조절되고 있는가?

말 안에 담겨 있는 표현력과 감정전달은 좋은가?

THIRTY MINUTES 30분

21.

풍부한 감정전달로 상대와 마음의 크기를 맞추어라

감정표현의 부재는 상대의 매력을 반감시키는 요인 중의 하나다. 반대로 감정 표현이 풍부하면 말이 지루하지 않게 느껴지며 메신저의 매력을 어필할 수 있고 음성 안에 열정을 담을 수도 있다. 궁극적으로 메시지를 잘 전달할 수 있는 마법 같은 비법이다.

오늘 30분의 목표

1. 목소리에 감정 담기
2. 적절한 맞장구 표현법

“그래요”라는 대답을 가지고 표현

(분위기를 달리하여 상황을 표현해보라)

그래요(확실히 동의하며 물론이라고 대답하는 느낌)

그래요(수긍하는 자연스러운 동의의 느낌)

그래요(의심스러워하며 고민하는 느낌)

그래요(부정적이며 반감을 가지고 있는 느낌)

목소리에 감정 담아 표현

(같은 말이라도 감정에 따라 내용 전달이 확연히 달라짐을 느끼며 표현해보라)

네가 이겼어. (축하해주며 혹은 패배에 승복하며)

저기요, 방금 저한테 뭐라고 하셨어요? (기뻐하며 혹은 기분 나쁜 투로)

어머나, 그런 일이 있었어요? (기뻐하며, 슬픔을 공감하며)

음식에서 어떻게 이런 맛이 나지? (맛있어하며 혹은 맛에 실망하며)

이게 오천 원이야(정말 싸다고 생각하며 혹은 터무니없이 비싸다고

생각하며)

지금 오셨어요? (일찍 와서 놀라며 혹은 늦었다고 불만을 담아서)

참 오랜만이에요. (반가워하면서 혹은 비꼬듯이 말하며)

무슨 일이야 있겠어요. (울먹이면서 혹은 걱정 없이 웃으며)

둘이 사귀는 거야? (부러워하면서 혹은 시비조로)

구체적인 다양한 감정의 표현

(감정의 크기를 최대한 크게 표현해보라)

기쁨: 와~~너무 좋아, 날씨도 너무 좋고 여기 너무 좋다

노여움: 믿는 게 아니었어..은혜를 원수로 갚다니…배은망덕한 놈

애교: 아잉? 보고 싶었엉~~너무 좋아앙~~

걱정: 휴…별일 없어야 할텐데…하아…걱정되네.. 제발…

욕심: 이건 내꺼야. 만지지 마. 내가 처음부터 찜해둔 거야

미움: 그 사람 정말 얼굴도 보고 싶지 않아. 길에서 마주칠 일도 없길 바래

명령: 움직이지마. 내가 얘기하기 전까지 거기서 꼼짝도 하지 말고 있어

부정: 아닐 거야. 암, 그럴리가 없지. 그런 생각하지도 말자

인정: 맞아, 내가 그렇게 한 거야. 내가 그렇게 하자고 이야기했어

탄식: 또 떨어지다니…아……바보같이…

괴로움: 내가 그날 거기 가자고 하지만 않았어도…아아…괴로워…

슬픔: 이 현실..믿을 수가 없어요..흑흑…

놀람: 그게 진짜야? 그게 정말 가능한 거야?

행복: 너무 행복해. 이게 바로 진정한 행복인가 봐

설레임: 빨리 그날이 되었으면 좋겠어..벌써부터 두근거린다

긴장: 내가 잘 할 수 있을까? 너무 떨려…침착해야지..

경쟁심: 이번 일만은 놓칠 수 없어. 정신 똑바로 차려야지. 이기고 말거야

사랑: 너무 사랑스러워, 이리와 안아줄게

사과: 내가 잘못했어. 생각이 짧았어. 다신 안 그럴게. 한번만 용서해줘

믿음: 너만 믿을게. 너무 든든하다 최고야

분노: 뭐? 나한테? 감히 니가 어떻게 그런 일을?!

스피치 적절한 맞장구 표현

(진심을 담아 상대의 이야기에 맞장구치는 연습을 해보자)

가벼운 맞장구: "저런", "그렇습니까?", "잘 됐습니다.", "맞아요.", "너무 재미있네요.", "어머나, 그랬어요?"

동의하는 맞장구: "과연", "정말 그랬겠군요.", "알겠습니다."

정리하는 맞장구: "말하자면 이런 이야기입니까?", "그 말씀은 이것과 저것이지요?"

재촉하는 맞장구: "그래서 어떻게 되었습니까?", "이야~다음 내용이 궁금하네요."

다양한 상황에서의 표현

(표현은 최대한 적극적으로)

- 무거운 돌을 들어 움직여 보라
- 다이어트를 하기 위해 운동을 하며 체중계를 보지 않았다. 3개월이 지난 후 체중계에 올랐다.
- 나는 택시기사다. 손님을 태우고 목적지에 도착했다. 그런데 손님이 만취한 상태여서 일어나지 않는다.
- 열심히 낚시를 하고 있다. 갑자기 낚싯줄이 흔들린다. 월척인 줄 알았는데 운동화가 낚였다. 다시 낚싯대를 강물에 던진다.
- 나는 국회의원 선거에 출마한 후보다. 청중들을 상대로 지지를 호소하라.

– TV를 보며 복권을 맞춰보고 있다. 마지막 숫자까지 확인하고 있는데 복권 1등에 당첨이 됐다.
– 나는 변호사이다. 가장 친한 친구가 억울하게 피소되었다. 그의 무죄 선고를 위해 변호를 한다면!
– 번지점프 하기 직전 대기하고 있는 상황의 긴장감을 표현하라.
– 영화나 뮤지컬, 드라마 중에서 인상 깊었던 장면의 주인공을 재현해보라.

오늘의 훈련 1 감정 표현 상황 연출해보라

놀라는 표현

1. 눈이 커지면서 놀라며
2. 멈칫하며 바라보는
3. 당황한 표정이 역력한
4. 가슴이 철렁 내려앉는
5. 기겁해서 뒷걸음질 치는
6. 파랗게 질려 하며
7. 움찔하는 모습

8. 충격을 받은듯한

9. 의아스레 보는

10. 눈을 못 떼며

11. 자지러지게 놀라는

12. 마른 침을 꿀꺽 삼키는

13. 가슴이 철렁하는

14. 넋 나간 듯 바라보는

15. 공포에 떨며

16. 백지장처럼 창백한 얼굴

17. 놀라 부들부들 떨며

18. 넋을 잃은 표정

19. 추워 전신을 와들와들 떨다가

20. 어리둥절한 얼굴

21. 꿀꺽 침이 넘어가는

22. 얼이 빠진 듯

23. 혼비백산해서 달아나는

24. 비아냥조로

25. 두려움에 차서

화난 표현

1. 핏대를 올리며
2. 화를 억누르며
3. 차가운 미소를 지으며
4. 기가 막힌다는 듯
5. 못마땅하다는 듯 쏘아보는
6. 뚫어지게 쳐다보는
7. 일그러진 얼굴
8. 기가 막혀 바라보는
9. 화가 나서 따지듯
10. 눈에 핏발이 선
11. 광기 어린 눈
12. 등을 후려치는
13. 언짢은 기색으로 바라보는
14. 벌컥 역정을 내면서
15. 확 뿌리치며
16. 뒷모습을 쏘아보는
17. 꺼지게 한숨을 내쉬는
18. 화가나 씩씩거리는
19. 분노로 바르르 떠는

20. 토라진 듯 무뚝뚝한 얼굴로

21. 입술 떨리기 시작하는

22. 차갑게 가라앉은 목소리

23. 모멸감에 이를 앙다물고

24. 약간 비아냥조로 이야기

25. 불같이 화를 내며

오늘의 훈련 2 소리 내어 읽으며 연습하세요

그 사람…

어쩌면 제 인연이 아닐지도 모른다는 생각이 들었어요.

그 사람과 헤어졌어요. 역시 제 인연이 아니었나 봐요.

당신 말대로 인연인지 아닌지 한번 가볼까도 생각했는데

그러면 안 될 것 같아서요.

그래서 편한 마음으로 오랫동안 걸었어요.

살다 보면 가슴 아픈 인연으로 끝이 날지라도 만나야 되는 그런 사람이 있나 봐요.

꼭 그래야만 하는 운명이 있나 봐요

또다시 세상을 돌고 돌다 보면 우리 다시 만날 수 있을까요?

사랑할 수 … 있을까요?

영화 〈동감〉_윤소은 독백 중에서

우리가 왜 이렇게 됐을까?

어디서부터 잘못됐을까? 누구 잘못이 더 클까?

너무너무 치사해!! 정말 치사해!!

아름답게 살고 싶었는데… 착하고 이쁘게 나이 먹으면서…

곱게 늙어… 순하게 죽고 싶었는데…

그 사람이 심장이 필요하다면 내꺼 떼어주고

간이 필요하다면 간 한 쪽 떼어줄라 그랬는데…

내가 그런 마음으로 살 때 그 사람은 무슨 마음으로 살았을까?

사람이 어떻게… 자기가 나한테 그럴 수가 있어?

나는 모두가 싫증 나게 하는 사람인가 봐…

드라마 〈내 남자의 여자〉 중에서_김지수 대사

오래전에는 아침에 눈 떠도 하나도 재밌지 않았었어.

내가 제일 많이 들은 소린, 엄마 악다구니 쓰는 소리, 살림살이 깨지는 소리, 그런 거였어.

어느 날부터 그런 소리가 안 들렸어. 잠깐 그러다 또 듣기 싫은 소릴 들어야겠지, 어차피 깨질 평화니까

믿지도 않았어, 믿었다 배신당하면 나만 아프니까

그런데 여러 날이 지나도 엄마 악다구니 쓰는 소리가 안 들리는 거야. 거짓말처럼

그리고 또 거기다 아침에 눈 뜨는 게 재밌기까지 했어.

밤에 잠이 빨리 자고 싶었어. 일어나야 아침이니까

난 감히 뭘 많이 바라지도 않았어.

난 그걸로 됐었어… 근데 또 간대…

또 가겠대… 거지 같다… 사는 게…

잘 됐다 뭐.… 이번에 가면 안 올 테니까…

드라마 〈신데렐라 언니〉 중에서

21회를 마치며 check!

연습 때마다 목소리를 녹음해 스스로 평가해보자.

호흡이 안정되어 있고 여유가 있는가?

힘 있는 발성이 되고 있는가?

발음의 전달력이 좋은가?

톤은 상황에 맞게 자연스럽게 조절되고 있는가?

말 안에 담겨 있는 표현력과 감정전달은 좋은가?

THIRTY MINUTES
30분

22.
진지한 협상에서의 해답은 톤에 있다

톤은 높낮이의 변화를 일컫는다. 예를 들어, TV 볼륨을 키웠다가 줄이는 것이 소리의 크기 변화라면, 피아노 건반의 소리 이동이 톤의 변화인 것이다.

한 기관에서 총 500명 이상의 대학생 피험자들에게 실험물을 들려주고 그 반응을 분석해보는 실험을 하였다. 그 결과 음색이 풍부하고 음높이가 높고 속도가 느릴 경우, 목소리에 대한 호감도가 높았다. 신뢰도도 함께 좋아져 화자에 대한 공신력 평가는 상대적으로 높게 나타났다. 대부분 사람들은 주로 사용하는 음역대만 쓴다. 다양한 음역을 넘나드는 훈련을 한다면 누구나 매력적인 소리를 만들어낼 수 있다.

오늘 30분의 목표

1. 저음, 중음, 고음의 이동 경로 알기
2. 편안한 톤 찾기

고음 중음 저음 음역대

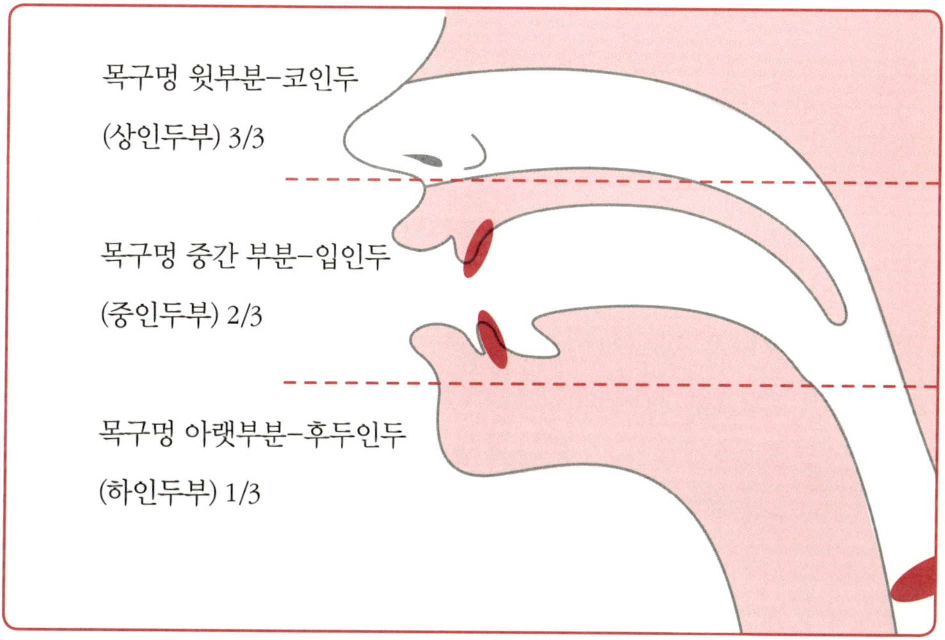
목구멍 윗부분-코인두
(상인두부) 3/3
목구멍 중간 부분-입인두
(중인두부) 2/3
목구멍 아랫부분-후두인두
(하인두부) 1/3

인두는 호흡기계통과 소화기계통을 함께 공유하고 있는 기관이며, 공기와 음식이 섞이지 않고 폐와 식도로 잘 넘어갈 수 있도록 구분시키는 역할을 한다. 자연스럽게 들리고 편안한 목소리 톤은 목구멍의 2/3 지점에서 만들어진다.

톤 훈련

다음의 대본으로 차례대로 톤 훈련을 해본다.

1. 저음으로 읽어본다.
2. 중음으로 읽어본다.
3. 고음으로 읽어본다.
4. 저음과 고음으로 다양하게 이동해본다.
5. 어떤 톤이 가장 듣기 적절했는지 이야기해본다.

한 사람[사:람] 한 사람의 삶은[삼:믄] 자기 자신에게로 이르는 길이다. 길의 추구, 오솔길의[오솔끼레] 암시다[암:시다]. 일찍이[일찌기] 그 어떤 사람도 완전히 자기 자신이 되어본 적은 없었다[업:써따]. 그럼에도 누구나 자기 자신이 되려고 노력한다. 어떤 사람은 모호하게 어떤 사람은 보다 투명하게, 누구나 그 나름대로 힘껏 노력한다.

《데미안》 중에서_헤르만 헤세

저음, 중음, 고음의 이동 경로

저음-성대가 길게 열리며 울림이 만들어지면서 소리가 난다.

"기분 좋은 날입니다"라는 문장을 턱에서 소리가 시작된다고 생각하고 아랫배에 힘을 주며 소리를 포물선으로 던져 무게감 있는 저음을 만들어보자.

(소리의 시작이 턱이라고 생각하고 음~~소리를 내보자)

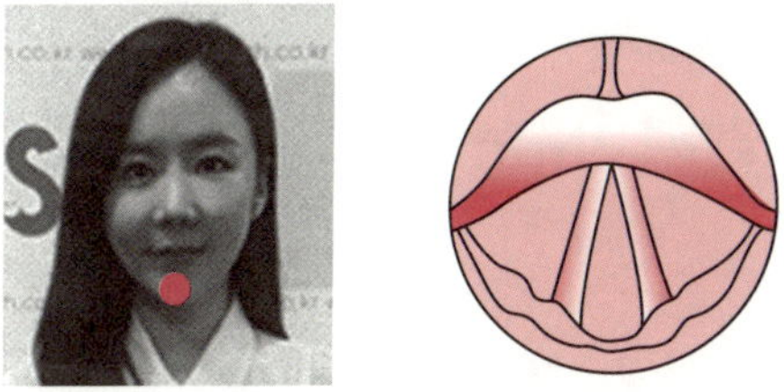

저음을 낼 때 성대 사진

중음-성대가 중간 정도 닫히면서 소리가 난다.

"기분 좋은 날입니다"라는 문장을 코에서 소리가 시작된다고 생각하면서 소리를 포물선으로 던져 진동이 있는 듣기 편안한 중음을 만들어보자.

(소리의 시작이 코라고 생각하고 음~~소리를 내보자)

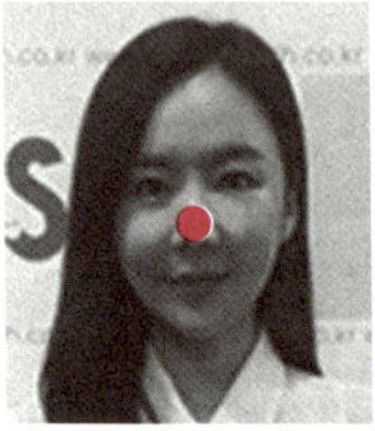

고음-성대가 짧고 가늘게 닫히며 소리가 난다.

"기분 좋은 날입니다"라는 문장을 코에서 소리가 시작된다고 생각하고 소리를 위로 끌어당기는 느낌으로 좋은 고음의 소리를 만들어보자. 고음은 음폭이 넓을수록 울림이 생기고 편안하게 들리므로 꾸준히 연습하도록 하자.

(소리의 시작이 이마라고 생각하고 음~~소리를 내보자)

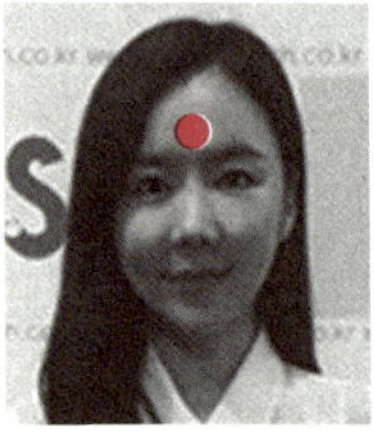

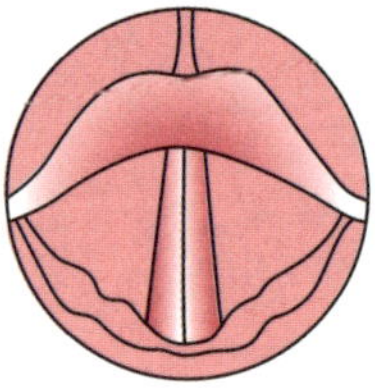

고음을 낼 때 성대 사진

톤 찾기 '첫' 음 잡기의 마법

가장 편한 상태에서 가수가 노래할 때 첫 음을 잡는 것처럼 "아", "아", "아" 또는 "음", "음", "음" 소리를 내면서 자연스러운 톤을 찾아본다. 그게 바로 본인에게 맞는 톤이며, 그 톤을 기준으로 저음과 고음을 연습하자.

'나는 영희와 함께 학교에 간다'라는 문장이 있다.
나~~~첫 음을 길게 끌어 안정된 음을 찾은 뒤, 톤을 유지해 그 이후의 문장을 이어 간다.

나~~~는 영희와 함께 학교에 간다.
하~~~반기 중에는 500명의 신입사원을 채용 예정이다.
남~~~다른 승부욕을 드러내 눈길을 끌었다.

톤의 변화

(직업과 상황에 따른 톤의 변화다)

도- 뉴스의 종결어미 또는 진지한 상황에서의 대화 시 톤

레– 남자의 평균적인 기본 발성음 또는 부탁할 때

미– 여자 아나운서의 발성음 또는 듣기 편한 목소리

파– 강의 시 톤 또는 쇼호스트 상품 판매 시 톤

솔– 리포터의 톤 또는 나레이터의 톤

라– 기쁨이나 반가움을 나타낼 때의 톤

시– 높은 음정의 노래를 부를 때나 놀라운 일이 생겼을 때의 톤

도– 성악 소프라노 톤 또는 소리 지를 때의 톤

오늘의 훈련 소리 내어 읽으며 연습하세요

저음으로 소리내기

스무 살의 한 청년이 사라졌습니다.

그리고 25년 만에 다른 사람이[사:라미] 돼서 나타났습니다. 하지만 온[온:]몸에 알[알:] 수 없는 상처를 안고[안:꼬] 돌아온 그는 그간 25년 자신이 겪었던 세월에[세:워레] 대해[대:해] 굳게 입을 다물고 있습니다. 가족들은 만균 씨의 지워진 기억 속의 시간들을 꼭 찾고 싶다고 했습니다. 대체[대:체] 그에게 무슨 일이 있었던 건지, 무엇이 그의 입을 굳게 다물게 했는지 말입니다. 만균 씨는 어떻게 해

서 그곳에 가게 됐고, 그곳에서 무슨 일을 겪었던 걸까요. 우리는 만균 씨의 지워진 25년 세월을[세:워를] 쫓아가 보기로 했습니다.

중음으로 소리내기

안녕하세요, 순간포착 세상에 이런 일입니다.

저녁에 알람시계를 10개씩 맞춰 놓고[노코] 자도, 아침에 도저히[도:저히] 일어날 수가 없다 이런 분들을 위해서 아주 재미있는 발명품이 나왔습니다. 일명, '베이컨 자명종'이라고 합니다.

청각이 아닌 후각을 자극해서[자그캐서] 잠을 깨우겠다는 건데요. 저녁에 베이컨 한 조각을 넣으면 지정된 시간에 베이컨이 구워지면서 향긋한 냄새가[냄:새가] 솔솔 난다고 합니다.

전 베이컨보다는 김치찌개나 된장찌개가[된:장찌개가] 좋습니다[조:씀니다]. 아~ 배가 고파서라도 아침에 일어날 수밖에[수바께] 없겠네요.

고음으로 소리내기

안녕하세요. 동물농장 문을 활짝 열었습니다. 지금 제 옆에[여페] 새로운 얼굴이 보여요~

특별[특뼐] 객원 MC, ㅇㅇ씨를 모셨습니다.

요즘 아이돌 스타 중에서도 인기가[인끼가] 대단합니다[대:단함니다].

그런데 오늘 동물농장에는 동물계의[동:물계에] 아이돌 스타 루루가 함께 합니다.

물구나무 자세로 온[온:] 동네를[동:네를] 누비고 다니는 스타입니다.

그리고 여러분께 감동을[감:동을] 전해드릴 선물을[선:무를] 준비했습니다. 도심 한복판 아파트 화단에 어미 오리가[오:리가] 둥지를 틀었는데요. 무려 20여 일에 걸쳐[걸:쳐] 그 귀한[귀:한] 영상을 담아냈습니다. 여러분 꼭 함께 해주십시오.

22회를 마치며 check!

연습 때마다 목소리를 녹음해 스스로 평가해보자.

호흡이 안정되어 있고 여유가 있는가?

힘 있는 발성이 되고 있는가?

발음의 전달력이 좋은가?

톤은 상황에 맞게 자연스럽게 조절되고 있는가?

말 안에 담겨 있는 표현력과 감정전달은 좋은가?

THIRTY MINUTES 30분

23.
변화 있는 좋은 목소리로 진심을 전달하라

억양은 말의 높낮이, 즉 음(音)의 상대적인 높이를 변하게 하는 것을 이야기하며, 음절 억양, 단어 억양, 문장 억양이 있다. “잘 지내”라는 문장을 “잘 지내↗”처럼 끝을 올리면 의문문이 되고, “잘 지내↘”로 끝을 떨어뜨리게 되면 본인의 생각을 전달하는 평서문이 된다. “잘 지내→”처럼 평조로 이야기하게 되면 부탁하거나 당부하는 표현이 되기도 한다.

오늘 30분의 목표

1. 톤의 변화 이해하기
2. 상승조, 하강조 적용하기

하강조와 상승조가 주는 느낌

하강조	보도, 토론		신뢰감, 단호함, 자신감
상승조	기상캐스터	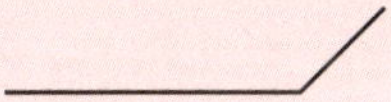	생동감, 활기참, 밝음
	승무원	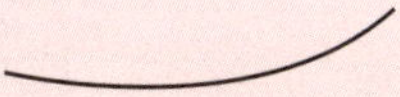	상냥함, 친절함, 배려
	MC, 리포터	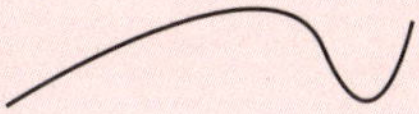	친근감, 자연스러움

윗사람을 대할 때의 목소리는 예의 바르면서도 겸손함이 느껴지는 말투가 필요하다. 동료를 대할 때는 부드러움과 자연스러운 감정이 묻어나는 것이 좋으며, 아랫사람을 대할 때는 카리스마가 묻어나도록 무게감이 있는 톤을 사용하는 것이 좋다.

직업에 따라 요구되는 목소리도 다르다. 서비스 직종에서는 다른 직종에 비해 상대적으로 높은 톤을 사용하며 상승조가 꺾이지 않는 곡선 형태의 부드러운 말투가 필요하다. 요즘은 예전과 달리 톤이 너무 높지 않는 듣기 편한 목소리를 선호한다. 쇼호스트는 비교적 높은 톤이며 판매하는 물건에 따라 톤이 달라진다. 고급스러운 물건을 판매할 때는 톤을 조금 낮춰 신뢰감을 줄 수 있도록 해야 하며 목욕용품, 휴지 등의 생필품을 판매할 때는 톤을 조금 더 높여 친근한 느낌을 강조한다. 텔레마케터들은 오로지 목소리만으로 상대의 마음을 사로잡아야 하기 때문에 웃음을 머금고 있는 듯한 상냥한 목소리가 필요한데 그런 목소리를 만들어내기 위해서는 실제로 웃는 표정으로 응대를 해야 한다. 프레젠터의 경우는 주요 내용이나 결론은 힘 있고 단호하게 제시를 해야 하며 감성적인 부분에서는 감성 터치가 가능한 목소리를 내야겠다. 또 교사는 전달력이 좋아야 하기 때문에 발음에 신경을 쓰고 강약 조절을 잘해 수업의 지루함을 없애도록 해야겠다.

억양을 내려라

• 하강조 _ 단호함, 신뢰감, 자신감

문화재청은 연휴 기간인 3일부터 6일까지
경:복궁과 창덕궁 등: 4:대궁과
종묘, 조선왕릉, 국립고궁박물관 등:의 주요 문화 유적지를
휴무 없이 전면 개방합니다.

이들 유적지는 곳에 따라 매:주 월요일 또는 화요일에 문을 닫았지만,
이번 연휴 기간에는 어린이날과 석가 탄신일이 포함돼
전면 개방하기로 했습니다.

개:인 신용등급이 낮은 저신용층 가운데서도
자영업자들의 신:용회복율이
임:금근로자보다 더 낮은 것으로 나타났습니다.
한:국은행이 발표한 금융안정보고서를 보면,
2016년 금융위기 직후 저신용자 가운데
41.5%가 지난 1월 말 현:재 상:위 등:급으로
신:용을 회복했습니다.

억양을 올려라

- **상승조 _ 생동감, 친절함, 친근함**

가끔 옛날에 쓰던 일기장이나 수첩 꺼내 보면
하하 웃음도 나고 추억이 생각날 때 있잖아요
어제 뭐 했는지 며칠 전에 뭐 했는지도 모를 만큼
참 정신없고 바쁘게 사는 요즘인데요
생활에 작은 즐거움 놓치지 않게
하루쯤은 여유롭게 지내보는 것, 어떨까요?
여러분의 힐링을 위한 시간! 시작합니다!

- **하강조와 상승조를 자유롭게 이용해 발표 대본 읽어보기**

안녕하십니까. 1조 발표자입니다.
저희 조에서는 여성의 인권에 대해서 조사했는데요.
여성이 사회적 약자임에도 불구하고
'여권'에 대한 부정적인 인식이 팽배한 사회에서
'여성'으로 살아가는 것은 아직까지 불편한 점이 많다고 합니다.
이러한 불편함을 법적, 정치적 시선으로 바라보며 비판하고,
개선할 점을 고민하기 위해 '여성 인권'에 집중해 보았습니다.

오늘의 훈련 1	소리 내어 읽으며 연습하세요 (상승조와 하강조에 유의하여)

스피치를 잘하고 싶은 여러분

여러분 안녕하세요! 반갑습니다.〈청중 시선 보며 천천히〉

여러분께 발표 잘하는 방법에 대해 말씀드릴[말:씀드릴] ○○○입니다.〈꾸벅 정중히 인사/〉

와~ 정말 많은[마:는] 분들이 오셨네요~ 〈빠르게〉

초롱초롱한 여러분 눈빛을[눈삐츨] 보니 저도 아주 기분 좋은 긴장감이 드는데요! 〈천천히〉

여러분! 〈빠르게〉

혹시 발표할 때 극심한[극씸한] 긴장감으로 어디론가 숨어버리고 싶다는 생각!

하신 적 있으신가요?〈천천히〉〈상승조〉

열심히[열씸히] 준비해놓고도 연단에 서는 순간 머릿속이[머리쏘기] 하얘진[하:얘진] 경험 있으신가요?〈하강조〉

목소리가 떨려서 부끄러웠던 경험 있으신가요?〈상승조〉〈빠르게〉

사실[사:실] 거의 모든[모:든] 분들이 이런 경험 해보셨으리라 생

각합니다.〈천천히〉

저 또한 처음부터 발표를 잘했던 것은 아니었는데요~〈빠르게〉

발표 잘하는 첫 번째 비법[비:뻡]!〈빠르게〉 성공 경험을 쌓아라! 입니다~〈천천히〉

여러분이 발표 시 극심한 긴장감과 불안함은 그동안에 성공 경험이 없었기 때문에, 나의[나에] 말에[마:레] 확신이[확씨니] 서지 않는 거죠~〈천천히〉

아마 발표를 하고 있으면서도 내가 이렇게 말하는[말:하는] 것이 맞는 것인가?〈빠르게〉

나 지금 잘 하고 있는 것일까?〈천천히〉

사람들이[사:람드리] 내 이야기에 공감할 수 있을까?〈빠르게〉 라는 생각들이 머릿속을[머리쏘글] 맴돌고[맴:돌고] 있을 겁니다.〈천천히〉

그래서 이 성공 경험! 〈힘 있고 빠르게!〉

딱 한 번의 성공 경험으로도 발표불안의 극복은[극뽀근] 50%[오:십퍼센트] 성공했다고 저는 확신합니다.〈천천히〉

한 사람 앞에서만 성공적으로 발표할 수 있다면〈보통〉

100명 앞에서도 잘할 수밖에 없는 거죠~〈빠르게〉

그렇다면[그러타면] 성공 경험을 쌓기 위해 어떤 준비과정이[준:비과정이] 필요한지 말씀드리겠습니다!〈천천히〉

오늘의 훈련 2 소리 내어 읽으며 연습하세요 (두 사람의 호흡에 유의하며)

1MC 아직 여름은 멀었지만, 앞서가는 요즘 여성들은 벌써부터 이 뜨거운 계절을 준비하고 있다고 합니다. 참 부지런하죠. 미리미리 여름 맞이를 시작하고 있는 여성들에 대해 ○○○씨와 이야기 나눠볼게요. 안녕하세요.

2MC 네, 안녕하세요.
○○○씨는 여름준비, 시작하셨나요?

1MC 지난주부터 슬슬 식단 조절에 들어갔어요.

2MC 와, 역시 트렌디한 ○○○씨답네요. 부끄럽지만 저는 사실... 아직 아무것도 하지 않고 있는데요.
이런 저와는 달리 많은 여성들이 여름준비를 시작했더라고요. 그녀들의 특별한 여름 대비법, 제가 직접 확인해봤습니다.

VCR 확인

1MC 네, 노출의 계절을 준비하는 여성들의 자세!
영원한 숙제, 역시나 다이어트였군요.

2MC 네, 아무래도 여름에는 옷이 얇아지니까요.
저도 이번에 몸매 관리, 꼭 시작해야겠다고 단단히 마음먹었답니다.

1MC 다이어트에서 자유로울 수 있는 여성이 과연 몇 명이나 될까요? TV만 봐도 늘씬한 스타들만 눈에 들어오잖아요. 혹시 이상적인 몸매로 어떤 몸매를 꼽으시나요?

2MC 요즘 워낙 몸매에 대한 이야기가 많이 나와서 그런지 스타들도 다 아름답고 이상적인 몸매를 갖고 있는 것 같아요.
저는 마른 몸보다는 근육이 적당히 있는 운동으로 다져진 탄탄한 몸매가 예뻐 보여요.

1MC 네, 저도 그래요.

그런데 내가 비만임을 알았을 때, 어떤 방법으로 다이어트 하는 게 도움이 될까요?

2MC 굶는 다이어트가 아니라 아침, 저녁으로 충분한 영양소를 공급하여 기초 대사량을 유지시켜주고 건강도 지켜주는 다이어트를 해야 하죠.

1MC 건강을 지켜주는 다이어트라는 말이 귀에 쏙 들어오는데요.

네, 이렇게 다이어트 방법에 대해 이야기를 하다 보니까요 좀 걱정이 되는 부분이 있어요. 다이어트 후유증에 대한 건데요. 요요현상이 오거나 심할 경우 탈모가 생기거나..

이런 문제가 생기기도 하잖아요?

2MC 요요 방지 프로그램을 통해 치료 기간뿐 아니라 치료 후에도 식욕 조절과 요요현상이 적도록 해야 하고 다이어트 과정 중에서 생길 수 있는 근육량의 감소, 체수분량의 손실, 미네랄 요소의 감소로 인한 골밀

도 감소, 탈모, 어지럼증 등의 부작용을 최소화 하도록 노력해야 해요.

1MC 네, 맞아요. 길었던 겨울이 서서히 가고, 따뜻한 봄, 그리고 노출의 계절 여름이 다가오고 있습니다.
이런 계절을 위해 디이어드를 계획하고 계신다면 나눈 이야기를 참고해서 건강하게 살을 빼시길 바라요.
오늘 함께 해 주신 ○○○씨, 감사합니다.
아쉽지만 여기에서 인사를 드려야겠네요.
다음 주에 더 유익한 소식으로 찾아뵐게요. 감사합니다.

23회를 마치며 check!

연습 때마다 목소리를 녹음해 스스로 평가해보자.

호흡이 안정되어 있고 여유가 있는가?

힘 있는 발성이 되고 있는가?

발음의 전달력이 좋은가?

톤은 상황에 맞게 자연스럽게 조절되고 있는가?

말 안에 담겨 있는 표현력과 감정전달은 좋은가?

THIRTY MINUTES
30분

24.
첫 음을 꼬집어 제대로 들리게 이야기하라

말이 잘 안 들리고 뭉개지는목소리의 특징을 살펴보면 한 음절 한 음절 정확하게 소리 내지 않는다. 큰 힘을 들이지 않고 길들여진 익숙한 발음으로 소위 후루룩후루룩 국을 먹듯이 소리를 흘려버리는데, 전달력을 높이고 싶다면 견과류를 씹듯 또박또박 소리를 내야 한다.

오늘 30분의 목표

1. 첫음절 악센트 훈련하기
2. 더블 MC 소화하기

악센트 훈련

색깔이 표시된 부분에 악센트를 줘서 읽는다(/부분은 호흡을 해야 할 부분). 악센트 조절이 잘되고 전달력이 좋아지는 것 같다면 악센트 주는 횟수를 줄이고 자연스러운 말하기로 연결한다.

사/람/은/누/구/나/행/복/을/원/한/다. /불/행/이/나/고/통/을/피/하/려/한/다. /우/리/삶/에/서/행/복/과/불/행/은/분/리/되/어/있/는/게/아/니/라/동/전/의/양/면/처/럼/함/께/한/다./

사람은 /누구나 /행복을 /원한다. /불행이나 /고통을 /피하려 /한다./ 우리/ 삶에서/ 행복과/ 불행은 /분리되어 /있는 게 /아니라 /동전의/ 양면처럼 /함께 /한다./

사람은 누구나/ 행복을 원한다. /불행이나 고통을 /피하려 한다. /우리 삶에서 /행복과 불행은 /분리되어 있는 게 아니라 /동전의 양면처럼/ 함께 한다./

사람은 누구나 행복을 원한다. /불행이나 고통을 피하려 한다. / 우리 삶에서 행복과 불행은 /분리되어 있는 게 아니라 동전의 양면처럼 함께 한다./

더블 MC 대본으로 훈련

색깔이 표시된 부분에 악센트를 주고 의미에 따라 강조할 키워드는 연필로 체크해본다.

男: 여러분의 행복한 웃음을 열어드립니다! 생방송 아침이 좋다! 요즘 꽃도 피고 날도 좋아지고 참 기분 좋은 날이 이어지고 있는데요. 그런데 이번 주는 꽃가루에 황사, 미세먼지까지 눈 건강이 위협받을 수 있다고 하네요.

女: 맞아요. 요즘 눈이 빡빡하기도 하고 평소 눈 건강을 지키기 위해서는 양배추, 브로콜리, 시금치 같은 녹황 채소를 챙겨 드시는 것이 중요하다고 합니다. 특히 루테인이 아주 많이 들어간 시금치 같은 경우에는요. 참깨나 레몬을 곁들여 드시면 흡수율이 더욱더 높아진다고 하니까요 요리하실 때 참고하시기 바랍니다.

속담으로 훈련

색깔이 표시된 부분에 악센트를 주며 소리 내보자.

돌: 다리도 두드려 보고 건: 너라.

구슬이 서: 말이라도 꿰: 어야 보: 배다.

열 번 찍어 안 넘어가는 나무 없: 다.

한 귀로 듣고 한 귀로 흘린다.

가는 말: 이 고와야 오는 말: 이 곱다.

콩 심: 은 데 콩 나고 팥 심: 은 데 팥 난다.

띄어쓰기가 잘못된 경우 알기

잘못된 띄어쓰기를 알고 틀리지 않게 사용하도록 한다.

7일이상 → 7일 이상

두가지 → 두 가지

세번째 → 세 번째

2020년 부터 → 2020년부터

10시간이내에 → 10시간 이내에

1달후 → 1달 후

5만여개 → 5만여 개

1000여건 → 1000여 건

500만명 → 500만 명

4년만에 → 4년 만에

9월 한달 동안 → 9월 한 달 동안

1000만원이하 → 1000만 원 이하

가입한지 2년만에 → 가입한 지 2년 만에

간직한채 → 간직한 채

개선하는데 쓰입니다. → 개선하는 데 쓰입니다.

이럴수가 있을까 → 이럴 수가 있을까

겁없는 녀석 → 겁 없는 녀석

공사중입니다. → 공사 중입니다.

마음 속에 있다. → 마음속에 있다.

부탁 드립니다. → 부탁드립니다.

강의가 끝나자 마자 → 강의가 끝나자마자

쓸만한 물건 → 쓸 만한 물건

어찌 해야하나요? → 어찌해야 하나요?

여기 저기서 → 여기저기서

8시 까지입니다. → 8시까지입니다.

의미없는 행동 → 의미 없는 행동

참다 못한 → 참다못한

200자이내여야 한다. → 200자 이내여야 한다.

오늘의 훈련 소리 내어 읽으며 연습하세요

역사와 전통을 자랑하는 스마일고등학교에서 올해 첫 골든벨에 도전한다!

스마일고등학교 친구들은 과연 골든벨을 울릴 수 있을까?!

문제가 남느냐, 내가 남느냐.

도전~ 골든벨

안녕하세요. 도전 골든벨 ○○○입니다. 새해를 맞이해서[마지해서] 저희가 찾아온 학교.

스마일고등학교. 무려 95년의[구시보녀네] 역사와 전통을 가진 학교인데요.

올해 첫 골든벨에 도전하게 됐습니다.

첫 도전 해서 골든벨 울리면 좋을 것 같은데, 우리 친구들 자신 있어요?

오늘 기록 한 번 세워볼까요?

좋습니다. 우리 친구들의 빛나는 도전. 지금 시작합니다!

퀴즈 제왕을 꿈꾸는 학생들이 멋진 도전. 오늘도 새로운 도전자를 소개합니다.

차례대로 간단히 소개(빠르게)

이에 맞설 3승 도전자 ○○○ 양도 빼놓을 수 없죠. 만약 3승에서 성공한다면 ○○○ 양은 명예의 전당에 오르는 영광을 누리게 됩니다. ○○○ 양의 3승 성공이냐 아니면 새로운 도전자의 1승이냐, 그야말로 불꽃 튀는 한판승부가 펼쳐질 텐데요. 여러분도 함께 해주십시오. 그럼 모든 출전자의 행운을 빌며 1라운드 시작합니다.

24회를 마치며 check!

연습 때마다 목소리를 녹음해 스스로 평가해보자.

호흡이 안정되어 있고 여유가 있는가?

힘 있는 발성이 되고 있는가?

발음의 전달력이 좋은가?

톤은 상황에 맞게 자연스럽게 조절되고 있는가?

말 안에 담겨 있는 표현력과 감정전달은 좋은가?

THIRTY MINUTES
30분

25.

100km 이상 달릴 것인가? 안전하게 속도를 조절하라

스피치의 경우 1분에 200~300자 정도 말하는 것이 좋다. 너무 빨리 말하면 불안해 보이거나 자칫 공격적으로 보일 수 있고, 너무 천천히 말하면 내용 몰입에 방해가 되거나 지루하다고 느낄 수 있다. 기본적으로 적당한 속도를 유지하되 내용에 따라 말의 속도에 변화를 줄 필요가 있다.

오늘 30분의 목표

1. 끊어 읽기 기법
2. 안정적인 속도로 말하기

꺾인 S톤 변화법(테트리스 벽돌 쌓기)

속도 조절이 어렵고 전달력이 많이 떨어지는 경우, 톤에 미세한 변화를 주어서 말을 하게 되면, 끊어 읽기도 자연스럽게 이루어지고 의미 전달도 더욱 잘 된다. 예를 들면, '영희가 학교에 갔습니다'라는 문장에서 어절마다 톤을 조금씩 달리해 말하는 것이다. 약간의 톤의 변화로 자연스럽게 끊어 읽기까지 가능해 전달력이 커진다. 다만 톤의 변화를 너무 크게 주었을 때는 산만한 느낌과 가벼운 이미지가 형성될 수 있다.

말이 빠른 사람들은 조금 더 여유를 가지고 이야기의 덩어리 즉 어절을 짚어주며 이야기를 하면 된다. 반대로 말이 느린 사람은 조금 더 텐션을 줄 필요가 있다.

스피치는 꾸준한 훈련이 필요합니다.

이처럼 대문자 S가 누워 있는 모양과 비슷하거나 또는 테트리스 게임에서 벽돌을 쌓는 모양처럼 톤의 변화를 주는 것이다.

과장님은(도) 이렇게(미) 이야기하셨습니다.(레)

정말(도) 화가(미) 났습니다.(레)

그는(도) 영리하고(미) 카리스마가(파) 있고(레) 매력적이며(도)

사교성이(미) 좋다.(레)

다른(도) 사람에게(레) 좋은(솔) 아이디어를(파) 많이(미) 얻는다.(도)

사선, 끊어 읽기 표시법

원숭이도 나무에서 떨어질 때가 있다. 말 잘하는 사람하면 흔히 아나운서를 떠올리기 쉽다. 하지만 말을 잘하는 아나운서도 대본을 보고 그냥 술술 흘러나오는 말로 방송을 하는 것이 아니라 예독을 하고 준비과정을 가진다. 아무리 말 잘하는 그들도 준비과정이 부실하다면 실수가 따르게 된다.

리딩이 어렵거나 말이 자꾸 꼬인다면 펜을 들고 사선으로 표시를 하자. 다음과 같이 하면 된다. 주어 목적어 서술어 순으로 문장이 만들어지게 되는데 이 어절 사이에 사선(/) 표시를 해주는 것이다. 그리고 수식어 부분에서는 체크 표시로 호흡조절을 하는 것이다. 필요한 만큼의 호흡량을 조절하여 숨을 들이마시자.

사선 뒷부분의 음절에서는 악센트가 자연스레 들어가게 한다. 문장을 잘 분석하며 글을 읽는 연습을 해보자.

속도 조절방법

• 속도를 천천히 할 부분

1. 중요한 것을 강조하거나 다짐할 때 천천히 말한다.
2. 내용이나 분위기가 엄숙할 때는 천천히 말한다.
3. 기억하기 어려운 숫자나 지명을 이야기할 때 천천히 말한다.
4. 잘 알아듣기 어려운 단어를 이야기할 때 천천히 한다.
5. 의혹이나 추리과정이 필요한 이야기할 때 천천히 한다.

• 음성의 속도를 빨리할 부분

1. 모두가 다 알거나 상식적인 내용을 설명할 때는 빨리 말한다.
2. 중요하지 않은 내용을 말할 때는 빨리 말해도 된다.
3. 이야기의 긴박함을 전달할 때나 클라이맥스에는 급하게 말하는 것이 도움이 된다.
4. 완급조절의 묘미를 주기 위해 때론 빠르게 말한다.
5. 사건을 단순히 나열할 때 빨리 말한다.

명언

사랑은 눈으로 보지 않고 / 마음으로 보는 것이다

-윌리엄 셰익스피어

내가 이: 해하는 모: 든 것은 / 내가 사랑하기 때문에 이: 해한다

-레프 톨스토이

더 많: 이 사랑하는 것 외에 / 다른 사랑의 치료 약은 없: 다

-헨리 데이비드 소로우

인생은 자전거를 타는 것과 같다 / 균형을 잡으려면 움직여야 한다

-알버트 아이슈타인

오래 살기를 바라기보다 / 잘 살: 기를 바라라

-벤자민 프랭클린

내일은 우리가 어제로부터 / 무엇인가 배웠기를 바란다

-존 웨인

계획[계: 획/게: 훽] 없: 는 목표는 / 한낱 꿈에 불과하다

-생텍쥐페리

이: 별의 아픔 속: 에서만 / 사랑의 깊이를 알게 된다

-조지 앨리엇

위험은 자신이 무엇을 하는지 / 모: 르는 데서 온다

-워런 버핏

스스로 존경하면 / 다른 사: 람도 당신을 존경할 것이다

-공자

현: 재와 과: 거가 다르길 바란다면 / 과: 거를 공부하라

-바뤼흐 스피노자

- **띄어읽기에 따른 의미 변화 알기**

(전달하고자 하는 의미에 따라 잘 끊어 읽어 혼란을 피하도록 하자)

기정이가 / 방에 / 있었다. → 기정이가 방에 있었다.

기정이 / 가방에 / 있었다. → 기정이 가방에 그 물건이 있었다.

두 사람 / 이사 / 간다. → 두 사람이 이사를 간다.

두 사람이 / 사 / 간다. → 두 사람이 물건을 사 간다.

나 물 / 좀 / 다오. → 나에게 물을 다오.

나물 / 좀 / 다오. → 나에게 나물을 다오.

아이가 / 아파요. → 아이가 아프다.

아 / 이가 / 아파요. → 아! 이가 아프다.

오늘 / 밤나무 / 사 온다. → 오늘 밤나무를 사서 온다.

오늘 밤 / 나무 / 사 온다. → 오늘 밤에 나무를 사서 온다.

지혜가 / 은주와 지영이를 / 찾으러 갔다. → 지혜가 은주와 지영이를 찾으러 갔다.

지혜가 은주와 / 지영이를 / 찾으러 갔다. → 지혜가 은주와 함께 지영이를 찾으러 갔다.

오늘의 훈련

소리 내어 읽으며 연습하세요]
(끊어 읽기에 유의하며)

아래의 지문을 읽어보고 시간 재보기

가장 빠르게 읽고 시간 재보기(　　분　　초)

가장 느리게 읽고 시간 재보기(　　분　　초)

이후 상황에 맞는 적절한 속도로 점차 조절해보기(　　분　　초)

서울에서 / 전세가 3억 5천만[오:천만] 원을 넘는[넘:는] 아파트가 / 절반을 넘어섰습니다. /

KB국민은행의 월간 주택가격 동향을 보면 / 지난달 서울 전체 아파트의 중위 전세가격은 /3억 5천[오:천]92만 원으로 집계됐습니다. /

서울 중위 전셋값은 /7월보다 1.2%, / 지난해 8월보다 18.9% 올랐으며 /2년[이:년] 전보다는 32.8%인 / 약 9천만 원이 올랐습니다. /

시중[시:중] 판매되는 / 학생용 가방 7개 제품에서[제:푸메서] / 환경호르몬과 중금속이[중:금소기] 검출돼[검:출돼] / 리콜 조치됐습니다. /

산업통상자원부 국가기술표준원은 / 학생용품과 고령자 용품 등 /3백여개 제품에[제:푸메] 대해[대:해] / 안전성 조사를 실시한 결과 / 결함이 발견된 11개 제품에 대해 / 리콜 명령을[명:녕을] 내렸습니다. /

학생 가방 6개 제품에서는[제:푸메서는] / 환경호르몬인 프탈레이트가소제가 / 기준치의 최대[최:대] 294배 검출됐고, / 색연필[생년필] 한 개 제품에서는 / 기준치의 4배가[네:배가] 넘는[넘:는] 납이, / 필통 한 개 제품에서는 / 기준치의 17배가 넘는 / 프탈레이트가소제가 발견됐습니다.

앞으로 구청이나 주민센터에[주:민센터에] 가지 않고도 / 우편과 인터넷으로 / 출생신고를 할 수 있습니다. /

이에 따라 찾아가는 맞춤형 서비스의[써비쓰의] 하나로 / 출산 직후 부모가 / 병원에서[병:워네서] 우편으로 / 출생 증명서를 보내 / 출생신고를 할 수 있게 됩니다.
앞으로 남대문시장 등 중구 일대에서 / 실명 등록을[등노글] 해야만 / 노점을 할 수 있게 됩니다. /

서울 중구는 / 명동과 동대문 등에 밀집해있는 / 노점을 정비하기[정:비하기] 위해 / 도로[도:로] 점용을 허용하되 / 실명제를 통해 / 노점 임대나[임:대나] 매매 등을 막고 / 기업형 노점을 퇴출하기로[퇴:출하기로] 했습니다. /

서울 중구는 또, / 남대문 시장[시:장] 30곳 가량을[가:량을] / 저소득층이나[저:소득층이나] 청년에 할당해 / 시범[시:범] 운영하기로[우:녕하기로] 했습니다. /

25회를 마치며 check!

연습 때마다 목소리를 녹음해 스스로 평가해보자.

호흡이 안정되어 있고 여유가 있는가?

힘 있는 발성이 되고 있는가?

발음의 전달력이 좋은가?

톤은 상황에 맞게 자연스럽게 조절되고 있는가?

말 안에 담겨 있는 표현력과 감정전달은 좋은가?

part 3을 마치며 점검해보자!

□ 단계별로 목소리 크기조절이 자유롭게 되는가?

□ 강조법을 자연스럽게 사용할 수 있는가?

□ 상황에 맞게 속도 조절이 안정적으로 되는가?

□ 포즈(pause)를 사용하는 게 어렵지 않은가?

□ 목소리 크기에 변화를 줄 때 목에 무리가 가지 않는가?

□ 감정표현이 어렵지 않은가?

□ 표현력을 살려서 목소리를 낼 수 있는가?

□ 목소리에 대한 이해가 전반적으로 이루어지고 있는가?

□ 복식호흡을 생활화하고 있는가?

□ 안정적인 발성이 가능한가?

평가

1~3개: 다시 책을 읽어보며 연습한다.

4~7개: 필요한 부분만 발췌해 다시 연습한다.

8~10개: Good~!! part 4로 넘어간다!!

PART 4

그 외 유형과 실전 적용하기

그 밖의 비밀 노트 파악하기

장르 대본 연습으로 상황에 맞는 목소리 구사하기

호흡, 발성, 발음을 실전 스피치에 적용하기. 목소리의 완급 조절하기

부드러운 울림이 있는 발성 자연스럽게 적용하기

최종완성 일상대화 적용하기

훈련하기 전 매일 5분 워밍업

1. 복식호흡으로 훈련 전 준비 상태 만들기

1) 들숨

–1부터 4까지 마음속으로 세면서 공기를 코로 들이마신다.

2) 날숨

–날숨 때는 천천히 배가 조금씩 들어간다.

–1부터 8까지 숫자를 세면서 숨을 내쉰다.

3) 응용

–2초간 숨을 들여 마셨다가 4초간 내쉰다.

–5초간 숨을 들여 마셨다가 10초간 내쉰다.

–8초간 깊게 들이쉬고 16초간 서서히 내쉰다.

2. 발성 연습으로 목 풀기

1) (아랫배에 힘을 주고, 목구멍을 열고) 아~ (5초), 아~ (10초), 아~ (15초) 동안 발성한다.

2) 음~소리를 내며 공명을 느껴 보고, 가~하까지 계속해서 소리 낸다.

음~(2초) 가~ 음~(2초) 아~

음~(2초) 나~ 음~(2초) 자~

음~(2초) 다~ 음~(2초) 차~

음~(2초) 라~ 음~(2초) 카~

음~(2초) 마~ 음~(2초) 타~

음~(2초) 바~ 음~(2초) 파~

음~(2초) 사~ 음~(2초) 하~

3. 입을 크게 열고 복식호흡을 활용하여 스타카토 혹은 레가토로 큰 소리로 발성해보자.

가/나/다/라/마/바/사/아/자/차/카/타/파/하

거/너/더/러/머/버/서/어/저/처/커/터/퍼/허

개/내/대/래/매/배/새/애/재/채/캐/태/패/해

고/노/도/로/모/보/소/오/조/초/코/토/포/호

구/누/두/루/무/부/수/우/주/추/쿠/투/푸/후

그/느/드/르/므/브/스/으/즈/츠/크/트/프/흐

기/니/디/리/미/비/시/이/지/치/키/티/피/히

26.

사투리 교정으로 세련된 도시 남녀로 다시 태어나라

THIRTY MINUTES 30분

- "이 니끼가? 가가라"
- "가가 가가가?"

위의 두 문장을 이해할 수 있는가? 첫 번째는 "이거 당신 건가요? 가져가세요?"라는 의미이고, 두 번째는 "그 사람이 가씨 성을 가진 사람이야?"라는 뜻을 담고 있다. 지방색이 느껴지는 말투는 개성의 표현이 될 수 있다. 하지만 사투리는 이질감을 형성시키며, 공식적인 자리에서는 대중의 호응을 이끌어내기가 어려울 수 있다. 의사소통의 불편함이 없도록 세련된 말투를 구사해보자.

오늘 30분의 목표

1. 각 지역 사투리 이해하기
2. 사투리 교정의 핵심 알기

TEST:

아래의 단어들을 읽어보고 어떻게 들리는지 분석해보라

(세련된 발음으로 자연스러운 표준어를 구사하고 있는가?)

□ 이마트, 억양, 에스케이, 오백 원, 인덕원

□ 도착해서, 약하다, 곱하기, 급격히, 급하게

□ 노력했어요, 국하고 밥하고, 갑갑하다

□ 졸업하다, 약해빠지다

□ 경영, 안양, 영양사

지역별 사투리 살펴보기

경상도 사투리: 첫음절에 악센트를 줘서 이야기하기 때문에 화를 내는 듯한 느낌을 줄 수 있다. 경상도 사투리의 특성은 모음 중에서도 ㅡ와 ㅓ가 구별되지 않고 모음을 바꿔 말해 발음이 정확하지 않

다. 또 된소리 ㅆ 등의 발음을 어려워하는 사람도 있으며, 이중모음을 단모음으로 풀어 이야기하는 특징이 있다.

경상도[경상도] → 갱상도

멈춰라[멈춰라] → 멈차아라

쌀집[쌀찝] → 살집

전라도 사투리: 투박하고 세련되지 못한 느낌을 줄 수 있다. ㄱ, ㄷ, ㅂ + ㅎ 발음을 제대로 못 하는 특징을 가지고 있으며 거센소리가 나야 할 부분에서 거센소리로 발음하지 않는다.

입학식[이팍씩] → 이박식

육학년[유캉년] → 유강년

갑갑하다[갑까파다] → 갑가바디

북한 사투리: 함경북도 ㅡ와 ㅜ 발음과 ㅓ와 ㅗ 발음을 뚜렷하게 구분하지 못하게 발음한다거나[1] 구개음화가 일어나지 않으며 두음법칙[2]을 무시하는 특징을 가지고 있다.

맏이[마지] → 마디

오후[오후] → 어후

이처럼 지방의 특징에 맞는 사투리 교정이 필요하고 발음 규칙과 표준어 특성을 파악해야 한다. 사투리 고치기를 통해 신문이나 책을 한 음절 한 음절 정확한 발음으로 낭독할 수 있도록 하고 고저 변화와 강세가 강한 사투리는 음의 높이가 일정하게 유지되는 아나운서처럼 평조로 뉴스 원고를 읽는 훈련을 병행하는 것이 좋다. 그 후 말의 내용과 상황에 따라 상승조, 하강조 등을 사용해 말의 리듬을 살려 자연스럽게 말할 수 있도록 훈련을 해야 한다.

사투리 교정의 핵심

□ 사투리 쓰는 주변 지인의 말투를 따라가지 않는다.

□ 아나운서들의 말투나 억양을 많이 듣는다.

□ 신문을 읽을 때는 큰 소리로 읽으며 연습한다.

---

1) ㅣ앞에 오는 비구개음 ㄷ, ㅌ(치조음)이 구개음 ㅣ에 이끌리어 구개음 ㅈ, ㅊ으로 바뀌는 현상이다. 예) 굳이[구지] 맏이[마지] 미닫이[미다지] 해돋이[해도지] 걷이[거치] 같이[가치]

2) 여성/녀성, 남녀/남여, 노동/로동처럼 첫머리에서 ㄴ, ㄹ 소리를 꺼리는 현상을 말한다. 예를 들어 녀(女)라는 한자가 단어의 첫머리에 올 때는 녀자, 녀성, 로동으로 적지 않고 여자, 여성, 노동으로 적는데, 단어의 첫머리에서 [녀] 소리를 꺼리기 때문이다.

□ 음절 붙여 읽기(집게손가락으로 포물선을 그리며 한 번에 부드럽게 붙여 읽을 것).

□ 첫음절에 강세를 주자.

□ ㅇ 소리를 힘 빼서 낮춰보자.

□ 음운 축약하기! 거센소리 발음해보기. 예사소리 ㄱ, ㄷ, ㅂ, ㅈ이 ㅎ을 만나면 거센소리 ㅋ, ㅌ, ㅍ, ㅊ으로 발음한다.

□ 평소!! 최대한 천천히! 입 모양은 크게 일정한 음으로 말하려고 노력한다.

□ 최대한 표준어로 된 라디오나 뉴스를 꾸준히 듣는다.

□ 자신의 목소리를 녹음해서 억양을 체크한다.

□ 입에 볼펜을 물고 천천히 느긋하게 글을 읽으면서 연습한다.

□ 본인이 생각하기에 이상적인 억양과 어투를 쓰는 분과 함께 대화를 많이 한다.

□ 평소 의식하고 표준어 쓰기를 습관화한다.

음의 동화

소리와 소리가 이어서 날 때, 한 소리가 다른 소리의 영향을 받아서 그와 같거나 비슷하게 소리가 나는 음운 현상을 말한다.

받침 ㄱ(ㄲ, ㅋ, ㄳ, ㄺ), ㄷ(ㅅ, ㅆ, ㅈ, ㅊ, ㅌ, ㅎ), ㅂ(ㅍ, ㄼ, ㄿ, ㅄ)은 ㄴ, ㅁ 앞에서 (ㅇ, ㄴ, ㅁ)으로 발음한다.

먹는[멍는] 국물[궁물] 깎는[깡는]

긁는[긍는] 닫는[단는] 옷맵시[온맵씨]

있는[인는] 쫓는[쫀는] 꽃망울[꼰망울]

붙는[분는] 놓는[논는] 잡는[잠는]

없는[엄:는] 밟는[밤:는] 앞마당[암마당]

받침 ㅁ, ㅇ 뒤에 연결되는 ㄹ은 [ㄴ]으로 발음한다.

담력[담:녁] 침략[침냑] 강릉[강능] 대통령[대:통녕]

ㄴ은 ㄹ의 앞이나 뒤에서 [ㄹ]로 발음한다.

난로[날:로] 선능[설릉] 천리[철리]

칼날[칼랄] 물난리[물랄리] 줄넘기[줄럼끼]

다음과 같은 용언의 어미는 [어]로 발음하는 것을 원칙으로 하되, [여]로 발음하는 것도 허용한다.

되어[되어/되여]

피어[피어/피여]

이오, 아니오'도 이에 준하여 [이요, 아니요]로 발음하는 것을 허용한다.

Tip

잘못된 일본어의 사용

기스 → 상처

간지 → 멋

붐빠이 → 분배

공구리 → 콘크리트

쇼부 → 승부

가라 → 가짜

와꾸 → 틀

지리 → 맑은탕

다데기 → 다진양념

밤바 → 범퍼

무대뽀 → 막무가내

삐까삐까 → 번쩍번쩍

닭도리탕 → 닭볶음탕

앙꼬 → 팥소

우리가 의식하지 못한 채 사용하고 있는 일상 언어 속에는 옛 어른들이 사용하던 일본어의 잔재가 아직 남아 있다. 언어는 습관적 측면이 많다. 자주 대화하는 사람의 언어습관을 닮아가게 되고 아무렇지 않게 내뱉는 단어가 곧 본인의 언어가 되고 만다. 언어라는 것은 습관이 되면 바뀌기가 어렵다. 이미 습관이 되었더라도 고치고 싶다면 바른 습관을 들이도록 꾸준히 연습해야 한다.

오늘의 훈련

소리 내어 읽으며 연습하세요
(기본 높낮이를 평조 바탕으로 하여 화살표와 비슷하게 움직이며 정확하게 소리 내본다)

사단법인 한:국주:유소협회는↗ 오늘˘ 서울 여의도 중소기업중앙회에서 기자회견을 열:고↘ / 정부의 공공기관˘ 주:차장 알뜰 주:유소 설치와 / 석유 제:품˘ 용:기 판매 계:획 철회를 → 요구했습니다. 협회는↗ 과:포화 상태에 이른 전국 주:유소 시:장에↗˘ 알뜰 주:유소가 가세하면서↘ 영세 주:유소는↗˘ 퇴:출이 불가피한 상

황이라고 주장했습니다.↘ 또, 석유 제:품을↗ 용:기에 담:아 판매하는 방안은↘ 주:유소 업계의 생존권을 넘:어서↗ 국민의 안전을 도:외시한 탁상행정이라고 비:난했습니다.↘ / 협회는↗ 이 같은 정부 정책이 중단되지 않을 경우↘ 동맹 휴업을 포함한˘ 단체 행동도 불사하겠다고→ 밝혔습니다. /

26회를 마치며 check!

연습 때마다 목소리를 녹음해 스스로 평가해보자.

호흡이 안정되어 있고 여유가 있는가?

힘 있는 발성이 되고 있는가?

발음의 전달력이 좋은가?

톤은 상황에 맞게 자연스럽게 조절되고 있는가?

말 안에 담겨 있는 표현력과 감정전달은 좋은가?

THIRTY MINUTES
30분

27.

다이어트도, 말을 먹는 것도 그만. 말끝을 명확하게 하라

글을 읽든, 발표하든 조사와 어미를 단호하고 정확하게 이야기해야 내용이 잘 전달된다. 그런데 많은 사람들이 가지고 있는 습관 중의 하나가 말끝을 흐르게 한다는 것이다. 종결어미에 힘을 빼듯이 처리하면 굉장히 둔탁한 느낌을 줘 말을 할 때 자신감이 없어 보이고, 전달력도 떨어지기 마련이다.

오늘 30분의 목표

1. 강세에 따른 의미 변화 파악하기
2. 스피치 구호로 목소리에 자신감 싣기

색깔이 표시된 부분에 힘을 빼지 말고
의식적으로 더욱 정확하게 잘 짚어가며 연습해보자

여성과 데이트 중인 남성은 동성끼리 식사하는 남성들보다 약 2배 많은 음식을 먹었다. 반면 여성의 식사량은 남녀 누구와 식사를 하든 비슷했다.

가을 하면 가장 먼저 생각나는 게 파란 하늘과 단풍이죠?

단풍은 하루의 최저 기온이 5도 이하로 떨어지기 시작하면 물들기 시작하는데요.

온도가 떨어지면 나무는 엽록소의 생산을 중지하고 잎 안에 안토시아닌을 형성해서 색이 붉게 변하게 됩니다.

평년 단풍의 시작 시기는 9월 초 이후인데요, 기온이 높고 낮음에 따라 좌우됩니다.

늦더위의 영향으로 올해의 단풍 절정 시기는 평년보다 다소 늦었다고 합니다.

지난달 설악산에 첫 단풍이 들기 시작해서, 이번 주 절정을 이루는 곳이 많을 거로 전망된다고 하는데요.

주말 동안 즐거운 단풍 구경 떠나보시는 건 어떨까요?

힘 있게 소리를 이동해가며 연습해보자. 강세에 따른 의미의 변화도 생각해보자.

나는 조금씩 변화하는 너의 목소리가 신기하고 기대가 크다.

나는 조금씩 변화하는 너의 목소리가 신기하고 기대가 크다.
나는 조금씩 변화하는 너의 목소리가 신기하고 기대가 크다.
나는 조금씩 변화하는 너의 목소리가 신기하고 기대가 크다.
나는 조금씩 변화하는 너의 목소리가 신기하고 기대가 크다.
나는 조금씩 변화하는 너의 목소리가 신기하고 기대가 크다.
나는 조금씩 변화하는 너의 목소리가 신기하고 기대가 크다.
나는 조금씩 변화하는 너의 목소리가 신기하고 기대가 크다.
나는 조금씩 변화하는 너의 목소리가 신기하고 기대가 크다.

오늘의 훈련 소리 내어 읽으며 연습하세요

스피치 구호!

큰 소리로 복식호흡과 공명을 활용하여 읽어보자(어떤 일을 대할 때 상대가 나를 좋아한다는 확신을 가지고 대하면 긍정적인 기운이 파급되어 상황이 유리하게 전개된다.)

꿈과 희망은 현실이 된다.

행동 변화 미소 행복!

나는 할 수 있다.

나는 적극적이다.

나는 긍정적이다.

나는 해내고 만다.

나는 행복하다.

나는 정말 행복하다.

나는 너무너무 행복하다.

나는 운명의 개척자 ○○○이다.

내가 말을 하면 모두가 환호한다.

나는 사람이 좋다.

내가 제일 멋있다.

나는 자신감으로 꽉 차 있다.

나는 이 세상의 주인공이다.

Tip

맞춤법에 어긋난 말들

(자주 사용하지만 헷갈리는 맞춤법을 알고 유의하여 사용하자)

그냥 갈께 → 그냥 갈게

끈임없는 노력 → 끊임없는 노력

눈에 띠는 사람 → 눈에 띄는 사람

사그러지고 말았다 → 사그라지고 말았다

하교길에서 → 하굣길에서

꼼짝말아 → 꼼짝 마라

운동 회수 → 운동 횟수

년회비 10만원 → 연회비 10만 원

적중율 높은 문제 → 적중률 높은 문제

배송비로 쓰여집니다 → 배송비로 쓰입니다

27회를 마치며 check!

연습 때마다 목소리를 녹음해 스스로 평가해보자.

호흡이 안정되어 있고 여유가 있는가?

힘 있는 발성이 되고 있는가?

발음의 전달력이 좋은가?

톤은 상황에 맞게 자연스럽게 조절되고 있는가?

말 안에 담겨 있는 표현력과 감정전달은 좋은가?

THIRTY MINUTES
30분

28.
얼굴뿐만 아니라 목소리에도 메이크업이 필요하다

메이크업의 사전적인 의미에는 '보완하다'라는 뜻이 담겨 있다. 궁극적으로 얼굴의 단점을 보완하고 장점을 부각한다는 말이다. 목소리도 마찬가지다. 메이크업처럼 본인 목소리의 장점은 살리고 단점을 보완할 필요가 있다. 그러기 위해서는 다양한 장르의 대본으로 연습하는 것이 좋다.

오늘 30분의 목표

1. 장르별 대본 소화하기
2. 상황에 맞는 목소리 내기

대본을 읽기 전

예독을 하며 볼펜을 들고 끊어 읽을 곳을 강조할 부분을 표시하며 리딩해보자.

음악회 MC

열린 음악회가[으마쾨가/으마퀘가] 준비한 미니멀리즘 피아노 음악의 향연, 루도비코 에이나우디로 문을 열었습니다. 여러분 반갑습니다 ○○○입니다.

네 오늘 열린음악회가 준비한 음악은요[으마근요], 방금 들으셨지만, 이탈리아 출신으로[출씨느로] 피아니스트 겸 작곡가로 활동하고[활똥하고] 있는 현대음악의[현:대으마게] 거장[거:장] 에이나우디입니다. 영화 언터처블 1%의 우정 삽입곡으로 유명한 에이나우디가 드디어 한국에[한:구게] 왔습니다. 에우나우디의 앨범은 흙[흑], 물, 공기, 불 등 자연을 구성하는 요소에서 영감을 받아 만든 12곡이 담겨 있는데요. 뮤직비디오에는 직접 그린 점과 선, 다양한 수식으로 몽:환적이고 신비스러운 분위기가 연:출되었습니다.

자, 이제부터 여러분 가슴속에[가슴쏘게] 잠재되어있는 감수성을 깨워줄 연주를 만나보겠습니다. 비가 내린 뒤:에 나는 냄:새를 뜻하는 의:미를 담:고 있는 곡으로 세계적인 바이올리니스트 다니엘 호프가 연주에 함께 참여했습니다. 단순한 멜로디가 반:복되다 후:반으로 갈수록 웅장함을[웅장하믈] 느낄 수 있습니다. 아주 멋진 화음의 무대. 박수[박쑤] 부:탁드립니다.

리포터

지난해 열렸던 올림픽 펜싱 결승전 다들 기억하시죠? 당시 딱 한 점만 내어주면 무릎을[무르플] 꿇어야 하는[꾸러야하는] 상황에 놓여있었습니다. 모두가 패:배를 예상[예:상]하고 있던 바로 그 순간. 할 수 있다며 스스로에게 건 주:문은 기적을 불러왔습니다. 연속으로 다섯 점을 얻으며 짜릿한 역전승을[역쩐승을] 거머쥔 것입니다.

긍정의 힘으로 얻어낸[어:더낸] 값진 금메달. 그런데 긍정에는 정말로 특별한 힘이 있는 걸까요?

지금부터 우리는 이와 같이 긍정의 힘으로 삶의[살:메] 방향을 바꾼 사람들을 만나보려 합니다. 나 자신은 물론 가족, 이웃까지도 더불어 행복해지는[행:보캐지는] 감:사와 긍정. 그 비밀 함께 나눠보시죠.

라디오 DJ

살다 보면[살:다보면] 이런저런 오해를[오:해를] 받게 될 때가 있습니다. 그중에서도 가장 억울할 땐 외모[외:모] 때문에 오해를 사게 될 때인데요. 덩치가 크거나 머리를 짧게 자르면 무서운 사:람으로 오해를 받기도 하고요. 어떨 땐 화장을 안 했을 뿐인데, 아프냐? 무슨 일: 있냐? 뭐 이런 오해를 살 때가 있습니다. 저 같은 경우에는 무표정한 표정으로 인해 냉정할[냉:정할] 거 같다. 이런 이야기를 듣기도 하는데요. 하지만 알고[알:고] 보면 저 보기보다 부드러운 사:람이라는 거 알고 계시죠? 사랑하는 여러분. 진정한 내면의[내:며네] 소리를 들어주세요. 두시의 데이트 시:작합니다.

교통캐스터

평소보다 한산한 월요일[워료일] 오후입니다[오:후임니다].

사고나[사:고나] 작업 때문에 속도 늦추는 구간만 살펴집니다.

경부고속도로 서울 쪽 통도사 나들목 1.5km 지난 지점 1차로에서 3중 추돌사고 있었기 때문에 서울 쪽으로 통도사 나들목 부근[부:근] 구간 정체고, 반대[반:대] 부산 쪽으로도 구경[구:경] 차량이 많아서[마:나서] 속도 늦춥니다. 서울 시내[시:내] 강변북로 난지도 쪽으로는 작업 여파로 속도[속또] 늦추는 구간 있네요.

청담대교 100m 못[몯:] 간 지점 3차로에서 방음벽 보수작업을[보:

수자거블] 하고 있어서 정체고, 올림픽대로 잠실 쪽으로는 반포지 하차도 나오면서 청담대교 쪽으로 천천히 갑니다.

서부간선도로 작업 여파 많이[마:니] 사라졌지만, 고척교에서 안양교 쪽으로 차간거리 좁아져 있습니다.

한남로 남산1호터널에서 한남대교 남단 경부고속도로 쪽으로 어렵고, 응봉길 응봉삼거리부터 성수대교 남단까지 쭉 정체인데요. 이어지는 언주로 관체청 사거리[사:거리] 신호등이 고장[고:장] 나 있어서 관세청사거리도 각 방향 혼잡합니다.

이 시각 교통정보센터에서 ○○○였습니다.

쇼호스트

만기 환급되는 암[암:] 보험[보:험] 보셨습니까? 이젠 암에[아:메] 대한[대:한] 대비도[대:비도] 하면서! 내가 낸[낸:] 돈도[돈:도] 돌려 받는 정말, 놀라운[놀:라운] 암: 플랜이 출시됐습니다. 내가 낸 돈이[도:니] 소멸되는 암: 보험과는 완전히 다릅니다! 보장[보:장] 내용은[내:용은] 소멸성과 비교해도[비:교해도] 절대 뒤지지 않는네요! 아니 더 앞서가는데도! 내가 낸 돈을[도:늘] 다시 돌려준다니 정말 놀라우시죠? 무엇이, 어떻게 앞서가느냐고요? 기존에 많이[마:니] 보셨던 일반 암: 보장 3천만 원은 기본이고요. 식도암, 췌장암[췌:장암] 등[등:] 고액[고:액] 암: 보장은 3천에 2천[이:천] 더! 5천만

원 [오:천마눤] 전액 보장 또한 당연히 해드리구요. 여기에다가 특정 암 보장이라는 획기적인 보장을 더 추가했습니다. 망설일 이유가 없습니다[업:씁니다]. 지금 바로 결정하세요!

기내방송문

색깔 부분에 다양한 강조기법을 적용하여 읽어보라.

손님 여러분/ 안녕하십니까?//

저희 스마일항공은/ 여러분의 탑승을 진:심으로 환영합니다.//

이 비행기는/홍콩까지 가는 스마일항공 7/0/1편입니다.

목적지까지 예:정된 비행시간은/ 이:륙 후 3시간 30분입니다.//

오늘 ○○○기장과 저희 승무원들은/ 여러분을 정성껏[정성껃] 모:시겠습니다.

출발을 위해 좌:석벨트를 매:주시고/ 등받이와[등바지와] 테이블을 제자리로 해주십시오//

그리고 휴대전화 등 전:자기기는/ 무선통신 기능이 꺼진 상태에서 사:용하실 수 있으며,/ 노트북 등 큰 전:자기기는 좌:석 하:단 또는 기내 선반에 보:관해 주시기 바랍니다.

비행 중 여러분의 안전을 담당하는 안전요원인 승무원의 지시에 협조해[협쪼해] 주시기 바라며,/ 계:속해서 여러분의 안전한 비행을

위해 잠:시 화:면/을 주:목해[주:모캐] 주시기 바랍니다.//

하늘 가득히 사랑을 드리는 저희 스마일항공과 함께 편안한 여행을 하시기 바랍니다.

건강 프로 MC

넘쳐나는 건강[건:강] 정보 속에 진짜를 가린다.

건강[건:강]하게 살아남기 위한 불꽃 튀는 토크 전쟁.

비타민토크~

우리 몸을 받쳐주면서 중심 역할[여칼]을 하는 척추.

내 몸의 기둥이라 표현해도 과언이[과:어니] 아닌데요.

우리나라 인구의 무려 80% 이상이 평생 한 번은 척추 질환을 겪고 있다고 합니다.

물건을 들다가, 의자에서 일어나다가, 심지어 재채기를 하다가도 불현듯 나타나는 척추 통증.

과연 수술이 정답인 걸까요?

척추를 지킬 수 있는 비밀. 오늘 비타민타임에서 낱낱이[난:나치] 알아보도록 하겠습니다. 기대해주세요.

생활 정보 프로 MC 1

디지털 치매라는 말을 들어 보신 적 있으신가요?

휴대전화나 컴퓨터 같은 다양한 디지털 기기가 우리 생활에 꼭 필요한 기억들을

대신 저장해주고 있기 때문에, 사용자의[사:용자에] 기억력이나 [기엉녀기나] 계산 능력이 크게 떨어지는 것을 디지털 치매라고 합니다.

이것은 사실[사:실] 치매라기보다는 건망증에[건:망쯩에] 더 가깝습니다. 하지만 자주 반복되면 일상에 불편을 야기할 수 있기 때문에 주의하셔야 합니다.

이 디지털 치매를 예방하는[예:방하는] 방법으로 1.1.1 운동이 있다고 합니다.

바로 일주일에 한 번, 한 시간씩 휴대전화 전원을[저:눠늘] 끄는 것인데요.

스마트 폰과 컴퓨터를 끄고 뇌에 휴식을 주면

전자기기에 대한 의존도를 줄이는[주:리는] 데 도움이 된다고 합니다.

쉬운 방법 같지만 어렵기도 합니다. 하지만 적은 노력으로 좋은 습관을 만들어 봅시다.

생활 정보 프로 MC 2

스마일스피치 토크를 마치면서 당부드리고 싶은 내용이[내:용이]

있습니다. 이제 곧 본격적인[본격쩌긴] 장마철이 시작될 텐데 장마 시작 전에 챙겨야 할 것들이 참 많이 있습니다. 그중에서도 자동차 점검이 중요한데요. 자동차 정비 제대로 받으셨는지 모르겠습니다. 타이어랑 와이퍼 체크도 필수입니다.

장마철에 빗길[비낄] 운전으로[운:저느로] 인한 사고가[사:고가] 평소보다 2배[두:배] 이상 높다고 합니다. 타이어와 와이퍼 마모 상태 꼭 확인하세요. 그리고 교체한 지 얼마 안 되더라도 공기압을 좀 높여주시는 게 좋다고 합니다.

나중에 큰돈 들이고 후회하지 말고 미리미리 점검해서 안전에 유의하시기 바랍니다.~ 꼭 주의하셔야겠습니다. 안전한 여러분. 행복한 여러분 되시길 바랍니다.

관계자 인터뷰 대본

REP: 요즘 남자들의 패션 트렌드는 어떤가요?

관계자: 올해 패션에서 봄을 알 수 있는 부분이 바로 컬러입니다. 특히나[트키나] 이번 시즌에는 비비드 컬러가 대세를[대:세를] 이루고 있습니다. 남자들 역시 유니크한 디자인의 가방과 슈즈, 포인트 아이템의 액서서리 등:으로 클래식한 유럽 스타일이 인기를[인끼를] 끌:고 있습니다.

REP: 남성분들은 어떤 가방을 선호하나요?

관계자: 네, 스포티한 느낌을 잘 살려주는 패브릭 소재를 사:용하여 캐쥬얼한 느낌으로 디자인한 가방이 많:이 팔리고 있습니다. 블랙과 레드색상의 조화로운 컬러감까지 더해져서 젊:은층에게 인기가 많고요. 메모리와 이어폰 같은 간단한 주변기기를 수납할 수 있게 되어 있고, 착용이 간편하고, 가벼워 어디든 가지고 다니기 좋:은 아이템입니다. 단순하지만 결코 단순하지 않은 제:품으로서 실용성과[시룡썽과] 고급스러움의 두 가지 매력을 가지고 있습니다.

28회를 마치며 check!

연습 때마다 목소리를 녹음해 스스로 평가해보자.

호흡이 안정되어 있고 여유가 있는가?

힘 있는 발성이 되고 있는가?

발음의 전달력이 좋은가?

톤은 상황에 맞게 자연스럽게 조절되고 있는가?

말 안에 담겨 있는 표현력과 감정전달은 좋은가?

THIRTY MINUTES
30분

29.
이유 없이 끌리는 목소리에는 분명한 비법이 있다

케미라는 말은 케미스트리(chamistry)의 줄임말로 주로 남녀 사이에서 서로 강하게 끌리는 화학 반응을 의미한다. 즉, 무엇인지 정확히는 모르지만 여러모로 잘 맞아떨어지고 조화롭게 어우러질 때를 말한다. 목소리는 그 사람의 중요한 매력 포인트다. 다양한 상황에서의 목소리 훈련으로 이유 없이 끌리는 매력적인 목소리를 만들어보자.

오늘 30분의 목표

1. 장르별 대본 소화하기
2. 상황에 맞는 목소리 내기

다양한 상황에서 직접 이야기한다고 생각하고 해보라

졸업식 축사

영국의 뛰어난[뛰어난/뛰여난] 정치가이자 웅변가인 윈스턴 처칠은 옥스퍼드 대학에서 졸업식[조럽씩] 축사를[축싸를] 하게 되었다. 그가 연:단에 오르자 청중들은 모:두 숨:을 죽이고 그의 입에서 나올 근:사한 축사를 기다렸다. 처칠은 열광적인 환영을 받으며[바드며] 천:천히 청중을 바라보았다. 드디어 그가 입을 열:었다.

"포:기하지 말라."

그는 힘 있는 목소리로[목쏘리로] 첫마디를[천마디를] 했다[핻따]. 그러고는 청중들을 천:천히 바라보며 다음 말:을 이어갔다.

"절대로 포:기하지 말라."

처칠은 큰 소리로 두: 번째 이야기를 한 후: 더 이상 아무 말:도 하지 않고 연:단을 내려갔다. 그것이 축사의[축싸에/축싸의] 전부였다. 그는 두: 마디만으로 힘 있는 메시지를 전달하고 홀연히 떠나갔다.

처칠 연설 중에서

선거 인사말

존경하는 여러분

최고보다는[최:고/췌:고보다는] 최선[최:선/췌:선]의 노력으로 기억되고 싶은 지역의 일:꾼, 기호 1번입니다.

우리 지역의 발전을[발쩐을] 위한 중:요한 시간으로 생각하시고 잠:시 제 연:설에 귀 기울여 주시면 감:사하겠습니다. 저는 우리 지역을 사랑합니다. 제가 당선된다면 피와 땀을 아끼지 않고 지역의 봉:사자로 앞장[압짱]서겠으며 힘든 시기에 답답한[답따판] 문:제들을 풀어내겠습니다. 그리고 우리 지역을 더욱 발전시킬 수 있는 길에 대해 밤낮없이[업:씨] 고민하겠습니다. 여러분의 현명한 판단을 기다리며 열심히[열씸히] 뛰겠습니다. 감사합니다.

건배 제의

멋진[먼찐] 분들 앞에서[아페서] 건배 제의를[제의/제이를] 하게 되어 영:광입니다.

도전하는 삶만큼[삼:만큼] 멋진 삶:도 없:습니다. 도전이 없으면[업:쓰면] 발전도[발쩐도] 없으며, 혁신은[혁씬은] 더더욱 기대할 수 없습니다. 여러분! 두려워하지 말고 아직 경험하지 않은 세:상으로 과감히 나가십시오. 멋지게[먼찌게] 허리를 펴고 날아오르시길[나라오르시길] 바랍니다.

선창은 "도전!" 후:창은 "멋지다!"입니다.

"도전은!" "멋지다!"

동창회 인사말

아:무리 시간이 흐른다 해도 잊을 수 없는 것이 바로 모:교입니다. 이토록 소:중한 마음의 고향에서 회장으로서[회:장/훼:장으로서] 인사를 드릴 수 있음을 영:광이라 생각합니다. 바쁘신 와중에도 이렇게 많:이 참석해주시어 정:말 감:사합니다.

우리는 어린 시절을 함께 하며 정을 쌓아 왔습니다. 그런데 벌써 세:월이 유:수같이 흘러 벌써 30년이란 시간이 지났습니다. 그만큼 의:미가 깊고 함께 배움을 나눈 동창들과의 시간이 소:중하며 오늘 좋:은 시간이 되시길 바랍니다. 더불어 동창회의 발전과 모:교의 발전을 기원합니다.

고희연 인사말

어려운 시대에 태어나 한평생을 인내하며 가족들을 위해 살:아오신 아버지를 위해서 조촐한 잔치를 마련했습니다. 어:르신들과 일가친척을 한 자리에 모:실 수 있어서 기쁘게 생각합니다.

평소 아버지께서는 성공한 사:람보다는 지혜로운[지혜/지헤로운] 사:람이 되라고[되라고/퉤라고] 말:씀하셨습니다. 사:람을 귀:하게 여기고, 시간을 소:중히 생각하며 건:강을 지키라고 늘 이야기를 하셨습니다. 이 같은 아버지의 뜻을 가슴 깊이 새기며 살아가겠습니다.

오늘 준:비한 음:식 많:이 드시고 즐거운 이야기 많이[마:니] 나누시면서 행복한 시간 보내시길 바랍니다. 이 자리에 모여주신 여러분께 감:사드리며 아버지와 어:르신들의 만:수무강을 기원합니다. 감사합니다.

송년사

벌써 한해를 정리할[정:니할] 때가 되었습니다. 올 한해를 돌이켜보면[도리켜보면] 아쉬움이 크지만 잊고 싶은 기억들은 강물에 훌훌 띄워[띠워] 보내고, 좋은 추억만 간직한 채 한 해 마무리를 잘해야겠습니다. 어느 해든 그렇겠지만 올해는 더욱 다사다난했던 것 같습니다.

오늘 이 모임을 통해 지난날을 회고하며[회고하며/훼고하며] 반:성과 다짐을 하는 시간이 되길 바랍니다.

새로운 해에는 원:하시는바 모:두 성취할 수 있기를 바랍니다.

새해에 만날 그 날까지 건:강하시고, 한 해 동안 수:고 많:으셨습니다.

명사들의 연설

인류의[일류의/일류에] 자유를 위하여

전 세계[세:계/세:게] 여러분

"나라가 여러분에게 무엇을[무어슬] 줄 것인가를 묻지[묻:찌] 말:고 우리가 합심하여[합씸하여] 인류의[일류의/일류에] 자유를 위하여 무슨 일:을 할 수 있을까를 물어주십시오."

미국 국민의[궁민의/궁민에] 한 사람이건 세계의 한 사람이건 여러분은 우리가 요구하는 것과 똑같은 수준의 힘과 희생을[히생을] 우리에게 요구하십시오. 우리들은[우리드른] 신의[신의/신에] 축복과[축뽁과] 가호가 있기를 바라지만 이 지구상에서 신의 섭리는[섬니는] 진실로 인간 자신의 노력으로 이루어짐을 자인하고 우리들이 자랑하는 이 땅을 이끌고 앞으로 전진! 또 전진합시다. 대:단히 감:사합니다.

존 F. 케네디의 연설 중에서

명사들의 유머

링컨이 손수 구두를 닦는 모습을 보고 사:람들이 놀러 이렇게 이야기했다.

"각하께서[가카께서] 어찌 직접[직쩝] 본인의 구두를 닦고[닥꼬]

계십니까?"

그러자 링컨이 대:답했다.

"아니, 그래도 내가 명색이 대통령인데[대통녕인데] 남의 구두를 닦고 있을 수는 없:지 않은가?"

링컨

오늘의 훈련 1 감정을 넣고 몰입해서 연기해보세요

수진: 뭐야? 새로운 프로젝트?

철수: 아니, 우리 집. 좀만 기다려, 알았지? 땅도 봐뒀어.

수진: 시간은 넉넉해. 이 집도 좋은데 뭘... 와, 이 손 봐! 이제 티눈이 안 생기네?

철수: 망치를 안 만지니까. (손을 보며) 기집애 손 같네.

수진: (조심조심) 어머니는 요즘 어떠셔?

철수: 난 엄마가 없어.

수진: (조심조심) 아무리 그래도... 어머니신데...

철수: 그 돈이 어떻게 모은 돈인 줄 알아? 아홉 살 때부터 이 악물고 모은 돈이야. 그런 돈을 잘 알지도 못하는, 그것도 사채

놀이하다가 돈 날린 사람한테 바치라고? 절대 안 돼.

수진: 그래도, 가족이잖아...

철수: 가족? 내 가족은... 이게 내 집이고, 니가 내 가족이야! 됐지?

수진: 자긴 내가 울 때마다 나한테 '부모를 잃었어? 나라를 잃었어?' 그러지? 지금 부모를 잃는 순간 아니야?

철수: 에이 씨!

수진: 용서가 뭐 그렇게 힘들어!

철수: 그만해!(고함치며) 내가 어떻게 모은 돈인 줄 알아! (의자를 바닥에 연거푸 내리찍으며) 낳아주면 다야! 낳아주면 그게 부모냐구! 니가 그 여자 알아? 왜 알지도 못하는 사람을 도와주려 그래! 엉! (주먹으로 벽을 치며) 울지 마! 그만 울어! 그만 울어! 내가 왜 안 우는지 알려줄까? 그날 다 울었어! 그 여자가 날 그 할아범한테 맡기던 날, 밤새 목 터져라 울었다구! (지친 목소리로) 난 이제 더 이상 그 여자 때문에 울 일도 없고. 단 10원 한 푼도 줄 수 없어.

수진: (울먹이며) 용서는 힘든 게 아냐. 용서란 말야, 마음속에 방 한 칸만 내주면 되는 거야. 무슨 말인지 알아? 이건 우리 할아버지가 자주 해준 얘기야. 진짜 목수는 있잖아, 자기 마음의 집을 잘 짓는 사람이래. 난 잘 알아. 자기도 여태껏 그 집을 정성 들여 차근차근 지어왔던걸... 근데 자기는 그 소

중한 마음의 집을 자기가 그렇게 미워하는 엄마한테 안방, 부엌방, 화장실, 창고... 다 내주고, 정작 자신은 집 밖에서 덜덜 떨고 있잖아? 생각해 봐. 자기 마음속에는 정작 누가 사는 거야? (계속/나지막이) 용서는 쉬워. 방 한 칸만 내주면 돼. (떨리는 목소리로) 이 말씀을 우리 아빠는 세월이 흘렀어도 잊지 않으시고... 유부남과 도망칠 뻔한 이 창피한 딸을 용서하셨고, 우리 결혼도 그렇게 쉽게 허락하셨던 거야... 왠지 알아? 왠지 아냐구! (울먹이며) 용서란 미움에게 방 한 칸만 내주면 되는 거니까!

영화 〈내 머릿속의 지우개〉 중에서

오늘의 훈련 2 | 소리 내어 읽으며 연습하세요

(행사 MC)

A: 안녕하십니까? "스마일파티" 행사 사회를[사회를/사훼를] 맡은[마튼] ○○○입니다.

B: 네, 안녕하세요~ ○○○와 함께 사회를 맡은 ○○○입니다.

A: 네 오늘 "스마일파티" 축제 정:말 많은[마:는] 분들이 참여해 주셨는데요~ 오늘 이 자리는 한 해 동안 여러분들의 많:은 성원에 대한 결실의[결씰의/결씰에] 보:답으로 이 자리를 마련하게 되었습니다.

B: 네. 늘 아낌없는 사랑과 애:정을 보내 주시는 고객님께[고갱님께] 다시 한번 감:사의 말:씀을 드립니다.

A: 네 "스마일파티"는 오늘부터 3일간 지금 이곳 일산 킨텍스에서 행사가 열릴 예정입니다~

B: 본격적인[본껵쩌긴] 행사에 앞서[압써] 내일 일정에[일쩡에] 대해서 다시 한 번 안:내 말:씀드리겠습니다.

A: 스마일파티 수상자에 선:정 되신 분들은 축하행사가[추카행사가] 내일 저녁 8시에 시:작할 예:정이오니 늦지 않게 참석하여 주시기를 당부드리겠습니다.

B: 자! 그럼 본격적으로 "스마일파티"행사를 시:작하도록 하겠습니다.

이 자리를 축하해 줄 ○○○만찬사가 있겠습니다.

○○○님을 큰 박수로[박쑤로] 맞이하여 주시기 바랍니다.

(방송 MC)

A: 안녕하십니까, 스마일 TV ○○○입니다.

B: 안녕하세요, ○○○입니다.

A: ○○○씨, 그 소식 들으셨어요? 지난달 26일 스마일협회 장학금[장:학끔] 전달식이 있었습니다. 지난 2010년부터 달력 판매 등으로 마련한 장:학금을 어린이와 청소년들에게 전달해 왔다고 합니다.

B: 너무 멋진 걸요[먼찐 걸요]~ 제가 개인적으로[개:인저그로] 좋:아하는 곳에서 좋:은[조은] 취:지로 앞장서서[압짱서서] 기부를 한다니~ 마음이 훈훈해지네요.

A: 이렇게 앞으로도 시:청자들에게 훈훈한 미:담을 전하는 곳들이 많:아지기를 기대하겠습니다.

B: 네 맞습니다. 그럼 지금부터 본격적인[본껵쩌긴] 스마일 TV 시:작합니다.

29회를 마치며 check!

연습 때마다 목소리를 녹음해 스스로 평가해보자.

호흡이 안정되어 있고 여유가 있는가?

힘 있는 발성이 되고 있는가?

발음의 전달력이 좋은가?

톤은 상황에 맞게 자연스럽게 조절되고 있는가?

말 안에 담겨 있는 표현력과 감정전달은 좋은가?

THIRTY MINUTES
30분

30.
일주일에 한 번은 목소리가 좋다는 이야기를 들어보자

목소리 코칭을 하다 보면 반복적으로 하게 되는 말이 있다. 예를 들어 "비음 섞인 소리를 너무 많이 낸다." "소리를 밖으로 시원하게 뱉지 못해 먹는 소리를 낸다." 등의 말이다.

나 역시 10여 년 전 목소리에 관해 공부할 때 같은 지적을 늘 받아 답답했던 기억이 있다. 잘하고 싶은 마음은 크고 이론적으로는 알겠는데 뜻대로 소리가 나지 않아 속상했었다. 이런 상황은 누구에게나 닥칠 수 있다. 여기서는 이를 극복할 수 있는 훈련 방법을 소개할 것이다.

오늘 30분의 목표

1. 문제 상황 해결 목소리 처방전 알기
2. 읽지 말고 강의하듯 소리내기

목소리 119 처방전

유형	해결법
탁하고 무거운 목소리 웅얼거리거나 구시렁거리는 목소리	말하기 전 혀 체조 연습 '했습니닷, 예정입니닷' 처럼 어미를 강하게 마무리하기 또박또박 문장 내에서 전달력을 높이기 발음표를 가지고 매일 규칙적으로 끊어서 말하기
쉰 목소리	앗앗앗- 소리를 반복하여 목 아치를 세로로 만드는 목 아치 단련 훈련하기 호흡량과 배 근력을 늘려주는 유산소운동하기 고개를 내리거나 들지 말고 목에 힘을 빼고 소리내기
비음, 콧소리	코를 막고 입으로만 공명으로 목소리를 내뱉는 느낌으로 연습하기 목에 힘을 빼는 연습과 입안에서 소리가 울리게 하기
가성을 쓰는 목소리	자신의 본 목소리로 말하고 있는지 신경 쓰면서 말하기 목젖에 손을 대고 평소 목소리로 말하기
탁한 목소리	입 앞쪽으로 이야기하기 앞니를 움직이지 않고 입술로만 이야기하기

혀 짧은소리	발음 파트를 중점적으로 학습하고 조음점을 명확히 해 소리를 내도록 훈련하기(심한 경우, 설소대를 전문가와 확인하기)
심한 사투리	최대한 표준어로 된 라디오나 뉴스를 꾸준히 듣기 자신의 목소리를 녹음해서 억양 체크하기
작은 목소리	자세를 바로 하고 복식호흡을 습관화하기 호흡량을 늘려 발성으로 연결시키기 평소 턱을 당긴 자세에서 목소리를 멀리 내보내는 연습을 하고 "파파파"를 자주 연습하기

좋은 목소리 관리 방법

목에 무리가 가지 않도록 하기: 가장 중요한 것은 항상 성대에 무리가 가지 않도록 해야 한다. 평소에 소리를 낼 때도 감당할 수 있는 수준의 소리를 내도록 해야 하며, 배가 아닌 목으로 만들어낸 소리를 갑자기 빽 지르거나 하면 목이 순식간에 상하기도 한다. 그런 기간이 길어지거나 지속적으로 무리하면 성대결절 등이 올 수 있다.

목감기의 기운이 느껴지면 스카프나 목도리로 목을 감싸고 생활하는 것이 좋으며 잠을 잘 때도 목을 따뜻하게 해주는 것이 좋다.

역류성 식도염 주의하기: 기본적으로 역류성 식도염은 위장의 기능이 저하되어 발생하게 된다. 위산이 식도로 역류해서 목이 쓰리고 목소리 변화까지 일어나게 된다. 맵고 짠 음식과 패스트푸드 등의 기름진 음식은 피하는 것이 좋다. 탄산음료와 주스, 녹차보다는 순수한 물을 마시는 것이 좋다.

항상 촉촉한 목 상태 유지하기: 한 번에 많은 물을 마시는 것보다도 조금씩 자주 마시는 것이 목 관리에 도움이 된다. 따뜻한 레몬차나 유자차를 마시는 것도 좋으며 무엇보다 순수한 물이 가장 좋다. 차가운 물보다는 평소 미지근한 물로 목을 자주 축이는 습관을 들이면 좋겠다.

흡연과 불규칙한 식습관 피하기: 목을 무리해서 쓴 상태라면 침묵이 약이 될 수 있다. 평소 건강한 목 상태를 만들어둬야 내가 원하는 상황에서 좋은 목소리가 나올 수 있다는 것을 명심하자. 더불어 흡연을 피하고 규칙적인 식습관을 들이도록 해야 하겠다. 충분한 수면 또한 중요하다.

오늘의 훈련	소리 내어 읽으며 연습하세요

낭독

우리는 가족보다 낯선[낟썬] 사람들에게[사:람드레게] 오히려 더 잘해주는 경향이 있다! 이 사실은[사:시른] 좀 우습기까지 하다. 우리는 친구들에게 잘 보이고 싶어 한다. 그러다 보니 자녀나 부모보다 친구들의 말에[마:레] 훨씬 더 집중한다. 그들을 위해 보내는 시간도 훨씬 더 길다[길:다].

부모님은 우리를 위해 매일매일[매:일매일] 희생을 하며 살지만 우리는 단 1초도 그분들을 생각하지 않는다. 반면[반:면] 타인에게서 받은 호의는[호:이는] 아무리[아:무리] 사소한 것이라도 뇌리에 깊숙이[깁쑤기] 각인된다.

당신은 타인을 저녁 식사에 초대해본 적이 있는가?

장장 네[네:] 시간 동안 장을 보면서 일주일 치 식비를 과감하게[과:감하게] 쏟아붓는다[붇:는다]. 오후[오:후] 내내[내:내] 집 안에서 제일[제:일] 고급스러운 은 식기를 꺼내[꺼:내] 식탁을 차린다. 환상적으로 멋진 유리잔을 옆집에서 빌려오기까지 한다. 촛불을 밝혀놓고 애완견의 목욕도 시켜둔다. 그리고 근사한[근:사한] 해산물

[해:산물] 요리로 연회를[연:회를] 베푼다. 그런데 이 손님들은 다시 만날 일이[이:리] 없는[엄:는] 사람들이다[사:람드리다]!

다음 주 부모님이 오셔서 남은 음식을[음:시글] 드신다. 배달시킨[배:달시킨] 닭고기와[닥꼬기와] 함께.

가끔씩은 이런 태도를[태:도를] 바꿔보는 게 좋지[조:치] 않을까? 부모님께 바닷가재 요리와 샴페인을 대접해보자[대:저패보자]. 그리고 처음 만나는 손님이 저녁 식사에 오면 이렇게 말[말:]해보자.

"닭고기나 배달시켜드려서 죄송해요. 지난주에 오셨으면 좋았을[조:아쓸] 걸 그랬어요. 부모님이 오셨었거든요!"

때로 우리는 너무 가까이 있기에 가족의 소중함을[소:중하믈] 잊곤 한다.

《지금 행복하라》 _앤드류 메튜스 저

강연 프로 MC

여러분 안녕하십니까? 스피치 100℃의 ㅇㅇㅇ입니다.

주말 잘 보내고 계십니까[계:심니까]?

가족들과 함께 행복한 시간 보내고 계실 텐데요.

어쩌면 이런저런 이유로[이:유로] 올해는 혼자 TV를 시청하고[시:청하고] 계신 분들도 계실 테고요.

하지만 너무 외로워하지 마십시오. 스피치 100℃가 여러분과 함께 하겠습니다.

누군가의 따뜻한[따뜨탄] 인생 이야기 함께 하시면서 마음의 온도를 높여[노펴] 보시기 바랍니다.

스피치 100℃! 오늘도 따뜻한 음악으로 함께 하실 분들입니다. ○○○ 밴드 소개합니다!

(○○○ 연주 후)

네, 고맙습니다. 또 하나의 음악이 있습니다. 바로 청중 여러분의 박수 소리입니다[박쑤소리임니다].

여러분의 뜨거운 박수로 오늘 강연자들 응원해 주시기 바랍니다.

스피치 100℃, 오늘의 첫 번째 강연자는 바로, 이 분입니다!

30회를 마치며 check!

연습 때마다 목소리를 녹음해 스스로 평가해보자.

호흡이 안정되어 있고 여유가 있는가?

힘 있는 발성이 되고 있는가?

발음의 전달력이 좋은가?

톤은 상황에 맞게 자연스럽게 조절되고 있는가?

말 안에 담겨 있는 표현력과 감정전달은 좋은가?

THIRTY MINUTES
30분

31.

더 이상 아마추어라는 생각은 버리고 프로의 목소리를 욕심내라

목소리 훈련을 꾸준히 해오고 리딩에 자신감이 생겼다면 이제는 의식하지 않은 상태에서의 목소리와 일상생활 속에서의 목소리에 집중해야 한다. 읽는 것이 아니라 말하는 것에 포인트를 맞출 수 있는 훈련이 계속되어야 한다.

오늘 30분의 목표

1. 실전에서 활용하는 목소리
2. 프레젠테이션에 목소리 적용하기

앞에서 배워온 내용들을 바탕으로 호흡, 발성, 발음, 속도, 그리고 악센트 등을 접목해 단계적으로 완성된 목소리로 소리 내어 보자

1. 어려운 단어는 없는지 오독하지 않으며 천천히 읽어본다.

교차로를 달리던 경차 한 대가 알 수 없는 이유로 옆으로 넘어졌습니다.

퇴:근 시간 번화가 교차로 위에 차량이 전도된 위급한 상황이었습니다.

2. 어떤 내용인지 흐름을 파악하며 다시 한 번 읽어본다.

교차로를 달리던 경차 한 대가 알 수 없는 이유로 옆으로 넘어졌습니다.

퇴:근 시간 번화가 교차로 위에 차량이 전도된 위급한 상황이었습니다.

3. 모음만 따로 떼어 호흡과 발성, 입의 모양에 신경 쓰며 힘 있게

읽어본다.

ㅛ ㅏ ㅗ ㅡ ㅏ ㅣ ㅓ ㅕ ㅏ ㅏ ㅐ ㅏ ㅏ ㅜ ㅓ ㅡ ㅣ ㅠ ㅗ ㅕ ㅡ ㅗ

ㅓ ㅓ ㅕ ㅡ ㅣ ㅏ

ㅚ ㅡ ㅣ ㅏ ㅓ ㅘ ㅏ ㅛ ㅏ ㅗ ㅟ ㅔ ㅏ ㅑ ㅣ ㅓ ㅗ ㅚ ㅟ ㅡ ㅏ ㅏ

ㅘ ㅣ ㅓ ㅡ ㅣ ㅏ

4. 한 음절씩 스타카토로 힘 있게 읽어본다.

교 차 로 를 달 리 던 경 차 한 대 가 알 수 없 는 이 유 로 옆 으 로

넘 어 졌 습 니 다

퇴 근 시 간 번 화 가 교 차 로 위 에 차 량 이 전 도 된 위 급 한 상

황 이 었 습 니 다

5. 젓가락 또는 볼펜을 물고 입의 근육을 최대한 활용하며 읽어본다.

교차로를 달리던 경차 한 대가 알 수 없는 이유로 옆으로 넘어졌

습니다.

퇴:근 시간 번화가 교차로 위에 차량이 전도된 위급한 상황이었

습니다.

6. 의미 단위로 끊어 읽기를 체크하고 포물선의 둥근 억양으로 읽어본다(포물선 그리기).

교차로를 달리던 ˇ 경차 한 대가 / 알 수 없는 이유로 ˇ 옆으로 넘어졌습니다.

퇴:근 시간 ˇ 번화가 교차로 위에 / 차량이 전도된 /위급한 상황이었습니다.

7. 강조해야 할 부분에 힘을 주면서 읽어본다.

교차로를 달리던 경차 한 대가 알 수 없는 이유로 옆으로 넘어졌습니다.

퇴:근 시간 번화가 교차로 위에 차량이 전도된 위급한 상황이었습니다.

8. 위의 방법으로 잘 따라왔다면 아래의 대본을 차분히 연결해 끝까지 잘 읽어본다.

교차로를 달리던 경차 한 대가 알 수 없는 이유로 옆으로 넘어졌습니다.

퇴:근 시간 번화가 교차로 위에 차량이 전도된 위급한 상황이었습니다.

그러자 인도에 있던 시민 한두 명이 차량으로 달려오더니 운:전자의 상태를 확인하고는 옆으로 넘어진 차량을 일으켜 세우려 했습니다.

이 모습을 본 다른 시:민이 합세했고, 힘을 합쳐 차를 밀어 세우기 시:작했습니다.

그러나 차량이 바로 설 때쯤 힘이 부족했는지 차량이 다시 넘어졌고, 결국 인근에 있던 레커차가 경차를 끌어 세웠습니다.

운:전자는 목격자[목껵짜]의 신고를 받고 출동[출똥]한 구:급대[구급때]에 의해 인근 병:원으로 옮겨졌으며, 큰 상처는 입지 않은 것으로 전해졌습니다.

실제 본인이 이야기하는 것처럼 소리 내보라

참: 영광입니다. 여기서면 어떤 기분일지 궁금했습니다. 전 스페인에서 잠:시 살:다가 귀:국했고 포춘 500대 기업에 입사했습니다[입싸해씁니다]. 전 그때 '나는 세:상에 큰 영향을[영:향을] 줄거야.' 하고 생각하고 있었죠. 하지만 약 두: 달 만에 컴퓨터 모니터에 머리를 박고[박꼬] 싶었어요. 사:무실의 사:람들이 제 역할을[여카를] 이:미 정:해놨다는 생각이 들었죠. 그래서 두: 달 후 직장을[직짱을] 그만뒀습니다.

제 주변의 사:람들 중 80%도 자신의 일:을 싫어했어요. 이건 덜

로이트사의 연:구에서 나온 결과입니다. 전 알:고 싶었습니다. 어떤 사:람들은 열정적으로[열쩡저그로] 세:상을 바꾸는 일:을 하면서 매:일 영감을 갖고 사는데 반면 80%의 사:람들은 왜 자포자기하며 사:는 걸까? 그래서 책을 읽고 사:례를 연:구했습니다. 자기 계발서[계:발서/게:발서] 300권을 읽으며 완전히 몰입했습니다[모립해씀니다]. 제가 할 수 없는 일:을 찾고 싶었기 때문입니다.

열정적으로 세:상을 산 사:람들의 공통점은 스스로 자신을 찾았다는 거죠. TV 속에서 찾지 말고 전공과 연:구 분야를 선:택해야 한다는 겁니다. 그리고 중:요한 점은 스스로 선:택해야 한다는 것입니다. 나의 장점과[장쩜과] 가치를 찾으세요. 불가능한 일:을 하고 한계를[한:계를/한:게를] 실험하세요. 모:든 발명과 세:상의 새로운 모:든 것은 사:람들이 처음에는 미쳤다고 한 것이었습니다. 가능성을 제한하는 건 여러분의 착각뿐입니다. 한계를 벗어나세요. 질문을 던지겠습니다. 당신이 할 수 있는 일:은 무엇입니까?

TED 〈당신이 좋아하는 일을 어떻게 찾을까〉 중에서

공황장애에 대해 강의하는 것처럼 말하듯이 읽어보자

갑자기 숨이[수:미] 가빠 오고 심장이 두근거려 어지럼증까지 느껴본 경험 있으신가요? 심해지면[심:해지면] 사람들을[사:람드를] 만나는 것조차 무섭고 힘들어지게 되는 이것. 바로 공황장애입니다.

최근[최:근] 들어 공황장애 환자가[환:자가] 연평균 15.8%씩 늘어나고 있습니다. 특히 노령층에서도[노:령층에서도] 높은 발병률을[발병뉴를] 보이며 5년[오:년] 사이에 70세 이상의[이:상에] 공황장애 환자가 3.4배 증가했다고 합니다. 심리적인 원인과 두뇌 기능의 원인이 복합적으로 작용해 나타나는 증세라고 할 수 있습니다. 언제[언:제] 어디서 발작이 나타날지 몰라[몰:라] 불안해지고 술에 의존하고 불안감에 잠이 오지 않는 증상이 나타나기도 합니다. 악화되면 일상생활조차 힘들어지게 됩니다. 스트레스나 주위환경에 따라 강도나 빈도가 다양하게 나타날 수 있습니다. 따라서 조기발견을 통한 치료가 중요하며[중:요하며] 신체적 문제를[문:제를] 해결하고[해:결하고] 뇌 기능의 균형을 맞춰야 합니다.

토론을 한다고 생각하고 스피치하듯 읽어보자

의견을[의:겨늘] 말씀드리겠습니다[말:씀드리게씀니다]. 인터넷을 통한 표현의 자유가 타인을 인격적으로 모독하고[모:도카고] 혐오스런 욕을 해서 많은[마:는] 사람들의[사:람드레] 눈살을 찌푸리게 하는 것은 아닐 것입니다. 하지만 지금의 인터넷은 비방 폄하, 욕설이 난무해서[난:무해서] 정체되지 못한[모:탄] 원시시대를 보는 것과 같습니다. 이런 면에서[며:네서] 볼 때 인터넷 실명제, 사이버 모욕죄[모:욕죄] 신설은 공익과 사회[사:회] 질서를[질써를] 유지시키는데 중요한[중:요한] 역할을 할 것이라고 생각합니다.

최종[최:종] 의견 말씀드리겠습니다. 인터넷 실명제, 사이버 모욕죄 신설은 건전한[건:전한] 인터넷 문화의 정착을 위해 반드시 필요합니다. 하지만 사회적 합이[하비] 없이 무작정 추진한다면 반내 측에서 말씀하는 것처럼 표현의 자유 제한[제:한], 정치적 이용[이:용] 등의 문제가 생길 수 있을 것이므로 이것을 보완할[보:완할] 수 있는 방안이 마련되어야 할 것입니다. 그리고 그런 방안이 마련된 상태에서 인터넷 실명제, 사이버 모욕죄를 신설한다면 우리의 인터넷 문화는 한 단계 더 성장할 것이라 생각합니다. 이상입니다[이:상임니다].

오늘의 훈련	방송을 한다고 생각하며 연습하세요

2 MC 대본

1MC 여러분, 드디어 나왔습니다.

피부 노화를 한 방에 날려 줄, 품격 있는 화장품 말입니다.

2MC 그렇습니다.

나이 들수록 얼굴 만져 보면 푸석푸석~하고 피부도 축 쳐지는 느낌 때문에 너무 신경 쓰이고 스트레스받잖아요.

그런 여성들을 위해서, 탄생했습니다.

스마일 프리미엄 기초화장품 6종 세트!

1MC 피부구조에 역점을 두고 다년간 연구를 거듭한 끝에, 우리 피부에 꼭! 맞는 화장품을 만들어 냈습니다!

2MC 그렇습니다.

다른 기초화장품과는 비교 자체를 거부한다!

자신 있게 말씀드릴 수 있는 장점이 바로, 안에 들어가 있

는 성분 때문인데요,

1MC 태반, 매실수, 각종 한방성분에, 호호바 오일에...
일일이 나열하기도 숨찹니다~
그 성분들 속에서도 피부에 좋다는 것만 모아서 멋진 작품을 만들어 낸 거죠~

2MC 태반이 피부에 좋다...는 말 많이 들어 보셨을 텐데요,
이 성분이 피부 보습과 탄력에 도움을 주고 영양을 공급해 주는 주성분입니다.
그리고, 매실 속에 듬~뿍 들어있는 미네랄 성분이, 피부를 탄력 있고 촉촉하게~ 가꿔 주는 거죠~

1MC 여러분, 매실 안에 들어 있는 미네랄은 산성이라고 생각하기 쉬운데, 인을 제외하고는 모두 알칼리성입니다.
그래서, 피부를 약알칼리성으로 유지시켜 주면서 탄력 있게 유지시켜 준다는 사실!

2MC 맞습니다.
제가 민감한 피부라 녹화가 길어지면 뾰루지가 돋아서 애

를 먹거든요...

그럴 때마다 이 기초화장품으로 피부를 진정시켜 주는데요, 바로, 매실 안에 들어 있는 구연산이라는 성분이 트러블 방지 효과가 탁월하기 때문입니다.

 # 에센스나 크림 떠서 손에 발라 보이며

1MC 이것 보세요. 부드럽게 발리면서, 바르는 순간, 피부에 밀착되는 기분을 느끼실 수 있습니다. 향도 진짜 산뜻해요~

요즘에, 너 피부에 뭐 했니? 이런 말 정말 많이 들어요.

피부가 탱탱해졌다 동료들이 그런 말 많이 하거든요.

이 스마일 기초화장품 세트 덕을 본 겁니다.

2MC 맞아요. 이것만 꼼꼼하게 발라주셔도 노화를 막고 젊은 피부로 되돌아갈 수 있습니다.

(제품 들고 하나하나 짚어가면서 설명)

먼저 스킨발라주시고~ 에센스 – 로션 – 영양 크림 순으로 발라 주신 후에, 아이크림으로 마무리하시면 완벽합니다.

이렇게 기초 화장품 6종 세트!

이 구성에만 충실하시면, 다른 기초화장품은 필요 없습니다.

1MC 그것뿐만이 아닙니다.

녹차 추출물 성분과 비타민이 함유된 선크림과 유액, 식물 줄기세포의 재생에너지를 이용한 주름 개선 기능성 에센스까지 총 9종 세트를 보내 드리겠습니다.

2MC 이 모든 걸 다해서 가격이 99,800원!

무조건 써보시고 결정하세요.

와~ 가격은 저렴한데, 구성도 럭셔리해요..

선물로도 참 좋을 것 같네요~

1MC 고깃값 올랐다, 채솟값도 올랐다,

모~든 물가가 올랐다고 하지만, 이 화장품 가격은 올리지 않았습니다.

여러분 모두 피부가 젊어질 수 있습니다.

지금 바로 전화 주세요!

31회를 마치며 check!

연습 때마다 목소리를 녹음해 스스로 평가해보자.

호흡이 안정되어 있고 여유가 있는가?

힘 있는 발성이 되고 있는가?

발음의 전달력이 좋은가?

톤은 상황에 맞게 자연스럽게 조절되고 있는가?

말 안에 담겨 있는 표현력과 감정전달은 좋은가?

THIRTY MINUTES

30분

32. 세상을 바꾸는 목소리로 어깨를 당당히 펴고 맞서라

지금까지 꾸준히 연습을 하고 잘 따라왔다면 목소리에 자신감이 생겼을 것이다. 더불어 스피치도 잘할 수 있다는 긍정적인 의식까지 얻었으리라 확신한다. 그렇다면 이제는 자신이 전달하고 싶은 내용을 원하는 목소리로 말할 수 있는 단계가 되어야 한다. 허리를 펴고 어깨를 넓게 해서 당당히 고개를 들고 미소를 띠며 멋진 목소리로 이야기하라. 할 수 있다!

오늘 30분의 목표

1. 장르별 대본 소화하기
2. 상황에 맞는 목소리 내기

본인의 장점 키워드 위주로 내용을 작성하고,
1분 동안 소리 내어 말해보고 녹음해보라

〈서론〉

〈본론〉

〈결론〉

도전이라는 키워드로 흐름을 잡고
1분 동안 소리 내어 말해보고 녹음해보라

〈서론〉

〈본론〉

〈결론〉

행복이라는 키워드로 흐름을 잡고 1분 동안 소리 내어 말해보고 녹음해보라

〈서론〉

〈본론〉

〈결론〉

노력과 성공이라는 단어가 들어가도록 3분 스피치를 해보고 녹음해보라

〈서론〉

〈본론〉

〈결론〉

본인이 어떤 주제를 정하고 10분 강의를 한다고 생각하고 녹음해보라

자신 있는 내용의 자유주제로 강의를 시작하기 전, 주요 키워드를 메모해놓고 강의를 시작하라.

주요키워드:____________________________________

아래의 질문을 받았다고 생각하고 목소리에 신경을 쓰며 대답하는 훈련을 해보자

올해 목표에 대해서 이야기해보라.

자신의 가족에 대해서 이야기해보라.

좋아하는 이상형에 대해 이야기해보라.

본인의 좌우명에 대해 이야기해보라.

로또 1등에 당첨되면 무얼 하고 싶은가?

즐겨 입는 옷 스타일에 대해 이야기해보라.

아직도 살만한 세상이라고 느껴질 때는 언제인가?

최근 이슈에 대해 이야기해보라.

건강관리 비법에 대해 이야기해보라.

짧은 강의 요청이 들어온다면 어떤 주제로 하고 싶은가?

가장 가보고 싶은 나라는 어디인가?

좋아하는 영화의 장르는 어떤 것인가?

좋아하는 동물이 있거나 키우고 있는가?

좋은 책을 추천해준다면 어떤 책이 있는가?

첫사랑에 대해 이야기해보라.

32회를 마치며 check!

연습 때마다 목소리를 녹음해 스스로 평가해보자.

호흡이 안정되어 있고 여유가 있는가?

힘 있는 발성이 되고 있는가?

발음의 전달력이 좋은가?

톤은 상황에 맞게 자연스럽게 조절되고 있는가?

말 안에 담겨 있는 표현력과 감정전달은 좋은가?

part 4를 마치며 점검해보자!

□ 대본의 분위기를 잘 살려서 읽어 내려갈 수 있는가?

□ 부드러운 느낌으로 일상대화를 잘할 수 있는가?

□ 자연스럽고 편안한 목소리가 완성되었는가?

□ 말을 할 때 복식호흡이 자연스럽게 적용되는가?

□ 목에서 말하지 않고 배에서 소리를 내고 있는가?

□ 사투리를 사용하지 않고 표준어를 구사하고 있는가?

□ 소리를 자신감 있게 앞으로 던지고 있는가?

□ 프레젠테이션 시 PPT를 읽지 않고 설명하고 있는가?

□ 다양한 상황에서 그에 맞는 목소리를 낼 수 있는가?

□ 목소리에 대한 자신감이 생겼는가?

평가

1~3개: 다시 책을 읽어보며 연습한다.

4~7개: 필요한 부분만 발췌해 다시 연습한다.

8~10개: Good~!! 목소리 최종 완성. 일상 대화에 적용한다!!

목소리 이야기와 궁금증

1. 승무원을 준비 중인 학생입니다. 아이처럼 이야기한다는 소리를 늘 듣는데 어떻게 해야 하나요?

승무원을 준비 중인 20대 조○○. '징징대는 목소리'가 전문가적인 느낌을 주지 못한다고 생각해 찾아왔다. 이런 여성의 경우, 톤이 높고 목에서만 소리를 만들어내는 경향이 있다. 특히 이 여성은 조사나 어미처리에서 끝을 갑자기 확 높이는 등 특유한 목소리를 가지고 있었다. 이는 기본적인 발성과 호흡하는 방법을 알지 못해 나오는 현상이다. 입을 옆으로만 벌리면서 목을 쪼이지 말고 목구멍을 편안하게 열고 안정적인 목소리가 나오도록 연습해야 한다.

교육을 받는 학생들을 보면 수업을 받는 중에는 열심히 따라 하려 노력한다. 하지만 수업이 종료되는 순간부터 다시 본래의 어투로 돌아가는 경우를 많이 볼 수 있는데 정말 교정하고 싶은 의지가 크다면 부모님 혹은 친구와 대화를 할 때도 연습한 목소리의 연장선을 만들어야만 좋은 결과를 얻을 수 있다.

2. 변성기를 앞두고 있어요. 그런데 지금 목소리가 너무 가늘어 고민이 큽니다. 어떻게 해야 하나요?

올해 15살 되는 박ㅇㅇ. 원래 목소리 톤이 높고 가는 편인데 변성기를 앞두고 남자다운 굵은 목소리를 만들고 싶어 했다. 변성기 전후로 목소리가 많이 달라져 조금 더 기다리면 자연스럽게 굵은 목소리를 가질 수 있지만, 지금부터 목소리에 대해 준비를 하는 것도 좋다.

굵은 목소리를 내고 싶다면 역시나 복식호흡에 대해 정확히 알고 먼저 배의 힘을 키워야 한다. 그런 다음 입의 안쪽 공간을 넓혀서 소리를 앞쪽으로 포물선 형태로 던져줘야 한다.

목이 아플 정도로 무리하지 말고, 목이 아닌 배의 힘으로 소리를 내는 것이 포인트다. 변성기가 오더라도 생각날 때마다 부드럽게 허밍을 자주 해주면 하모니를 이루는 공명이 좋아진다. 공명이 있으면 목소리 자체의 느낌이 풍성해지기 때문이다. 더불어 낮은 음의 노래를 자주 부르고 평소 목소리를 낮게 하려는 노력을 동반하면 좋다.

3. 발음이 부정확하고 글을 읽는 속도도 너무 느립니다. 어떻게 하는 게 좋을까요?

평소 발음이 부정확해 코칭을 받고 있는 30대 장○○는 정확한 발음을 만들어가는 과정에서 한 음절 한 음절 또박또박 소리 내다 보니 리딩 속도가 느려져 또 다른 고민이 생겼다. 하지만 그런 증상은 발음의 정확도가 높아지고 있는 자연스러운 과정이다. 발음이 조금 더 안정된다면 리딩할 때 조금 속도를 붙여 읽는 연습을 하면 자연스레 좋아질 것이다. 전체적인 속도가 다 빨라질 필요는 없지만, 상대적으로 여유 있게 읽다가도 어느 부분에서는 조금 빨라지기도 하는 등 완급 조절을 하면 자연스레 듣기 편한 목소리가 만들어질 것이다. 중요하거나 짚어줘야 할 부분에서는 속도를 조금 늦추고, 쉬운 내용이거나 생동감이 필요한 부분에서는 속도를 조금 더 내는 것이 좋다. 하지만 습관적으로 느리게 읽는 경우라면 결과적으로 지루한 말하기가 된다. 따라서 조사나 어미를 끌지 말고 짧게 탁탁 끊어 마무리하는 습관을 들이도록 하고 전제적인 리딩을 조금 더 속도감 있게 탄력적으로 해야겠다.

4. 예전에는 이렇지 않았어요. 그런데 요즘 목소리가 좀 이상해진 것 같아 걱정입니다. 예전의 목소리를 찾을 수 있을까요?

19살 된 남학생 최○○. 변성기 시절 고음의 노래를 하도 불러 목이 상하고 목소리가 이상해진 것 같다며 고민을 털어놓았다. 특히 저음이 잘 나오지 않고 굉장히 높은 고음의 목소리만 자연스럽게 나오고 있었다.

이 학생은 목소리의 변화가 일어나는 변성기 시절 고음 위주의 노래를 많이 부르면서 성대가 상당한 자극을 받은 것으로 보였다. 성대결절이 있었으나 모르고 지나간 것처럼 느껴졌는데, 그로 인해 성대가 두꺼워지고 저음을 내기도 중음을 내기도 쉽지 않은 상태가 된 것이다. 그러다 보니 성대의 떨림이 자연스럽게 일어나지 않아 또 힘을 많이 주고 소리를 만들어내는 등의 악순환이 반복된 것이다. 평소 목소리를 많이 사용하는 가수, 교사 등의 직업에서 흔히 나타나는 증상이다. 지금이라도 평소 잘못된 음성 사용 습관을 개선해야 한다.

지나치게 무리해서 목을 사용하지 말고 속삭이거나 반대로 너무 크게 말하는 것을 삼가야 한다. 목이 답답하다고 헛기침을 자주 하는 습관도 매우 좋지 않다. 그리고 탄산음료 등의 섭취를 자제하고 건조한 환경에 장시간 노출되지 말며 수시로 물을 마셔줘야 한다. 평소 머플러 등을 둘러 목을 따뜻하게 해주는 것도 목 관리에 도움이 된다.

5. 30대 중반 남자입니다. 말을 많이 하면 목이 따가워요. 그리고 이야기를 할 때 목소리가 흔들리고 너무 불안해 보여요. 자신감까지도 없어집니다. 무슨 방법이 없을까요?

평소 말을 조금 많이 했다 싶으면 목소리가 빨리 쉬고 말할 때도 목소리가 뒤집히기 일쑤이며 불안정하다고 얘기하는 30대 남자 장○○. 안정되고 무게가 있는 목소리를 가지는 게 소원이라고 이야기했다. 목이 아프고 목소리가 쉬어 변하게 되는 것은 흉식호흡을 통해 목에 힘을 주어 말하는 습관 때문이며 이런 성대 오용의 결과로 성대의 결절이 생기게 된다. 성대 결절이란 오랜 시간 손에 힘을 줘 골프를 치거나 하면 손에 굳은살이 생기는 것과 비슷하게 목에 힘을 많이 줘서 성대의 가장자리를 따라 굳은살처럼 결절이 생기게 되는 것이다. 성대 결절이 생기면 말을 하지 않는 것과 미지근한 물을 자주 마셔 성대를 촉촉하게 보호하는 것 외에는 특별한 치료법이 없으므로 평상시 주의를 기울여야 한다.
복식호흡을 연습해야 하고 평상시 말을 아껴야 한다. 그런데 침묵하고 있다가 갑자기 큰 소리를 내는 것은 성대에 큰 무리를 주기 때문에 평소 허밍으로 "음~" 소리를 반복하며 성대를 부드럽게 마사지하는 습관이 필요하다. 그리고 말할 때 목소리가 뒤집히는 것은 호흡이 고루 배분되지 않고 세게 나왔다가 약하게 나왔다가 하는 습관일 수 있으므로 소리를 조금 더 정성스럽게 내려고 노력해야겠다. 제대로 된 꾸준한 연습을 해야 좋은 목소리를 가질 수 있다.

6. 입만 안 열면 괜찮다고 하네요. 목소리가 아줌마 같다는 이야기를 종종 들어요. 이미지와 목소리가 맞지 않는대요. 시간이 지날수록 고민이 커집니다. 어떻게든 바꾸고 싶어요.

세무사로 일하고 있는 30대 여성 차○○. 그녀는 예쁜 외모의 커리어우먼이다. 인기도 많고 어딜 가나 주목받는다. 하지만 그녀에게도 고민이 하나 있었다. 전화 받았을 때 "자녀가 몇 살인가요?", "어머니시죠?"라는 이야기를 자주 듣는다고 한다.

그녀의 목소리를 자세히 들어보니 음색보다도 말투에 문제가 있었다. 고향이 서울이지만 억양의 기복이 커 사투리 같은 분위기의 말투를 가지고 있었고 된소리를 많이 섞어 쓰다 보니 거세고 고집스러운 말투로 느껴졌다. 그녀의 세련된 이미지에 걸맞는 말투가 필요해 보였다. 억양을 평조형태로 다듬고 불필요한 된소리의 사용을 줄이고 부드럽게 연결되는 억양을 훈련해야 한다. 어떤 이야기를 하느냐도 중요하지만, 말투가 그 사람의 이미지를 좌우한다.

7. 우리 아이가 큰 문제가 있는 건가요? 말을 더듬고 말이 자주 막혀서 걱정입니다. 어릴 때 고쳐야겠죠? 도와주세요.

어머니 손에 끌려온 10세 초등학교 남학생 최○○. 어머니는 아이가 말을 더듬고 말이 막힌다기보다는 반복하는 것이 심해서 친구들한테 놀림을 받을까 너무 걱정이라고 했다. 어머니는 아들이 더듬거리는 것을 볼 때마다 속상하다고 이야기하며 아이를 걱정스러운 눈빛으로 바라봤다.

아이가 말하는 것을 들어봤더니 조음기관의 문제보다는 유창성에 문제가 있었다. 말더듬증의 원인에 대해서는 많은 학문적 연구 결과가 있지만, 원인을 명확히 규명하기는 어렵다. 언어발달의 지연, 가정의 갈등과 불화, 조음 기관의 문제, 심리적인 불안정 등 원인도 다양하다. 성격이 조금 조급할 경우 무언가를 실행에 옮길 때 행동도 불안해 보이고 말도 더듬게 된다. 조금 느긋한 마음을 가지도록 주변에서 도와줘야 한다. 부모님과 이야기할 때도 순간 말을 더듬는다면, 한 박자 쉬면서 이야기를 하도록 코칭

해야 하며 더욱 느긋하게 이야기하는 습관을 들이면 확실히 적게 더듬게 된다. 그러다 보면 더듬는 횟수가 줄어들고 점점 더 더듬지 않게 되며 일반적인 말투가 익숙해지고, 스스로도 자신감이 생겨 매끄럽게 말하게 된다.

천천히 또박또박 소리 내는 훈련을 통해 정확한 말하기로 이끌어줘야 한다. 또한, 아이에게 칭찬을 많이 해줘서 자신감을 심어주는 것이 중요하다. 말이 막히고 어눌하게 말하는 성인들의 경우, 호흡이 짧고 한 호흡에서 말하는 길이가 너무 짧은 사람들이 있다. 이런 경우는 한숨에 어절의 수를 많게 말하는 훈련이 좋다. 끊어 읽기 표시가 되지 않은 곳에서는 숨을 쉬지 않도록 해 호흡 시간을 늘리는 훈련을 하면 말에 여유가 생긴다. 다른 방법으로는 녹음된 음성을 들려주고 한 박자 느리게 그 음성을 따라 말하는 것이다. 그러면 귀와 입 두 가지 훈련을 동시에 할 수 있다. 말더듬에서 나타나는 증상 중 하나가 '어, 그, 서' 등의 불필요한 채움말이 많다는 것이다. '어'라는 반복어를 많이 쓴다면 그 말을 '오'로 대체하게 해 그 습관을 고칠 수 있도록 한다. 또는 손목에 노란 고무줄을 차고 '어'라는 말이 나왔을 때 손목에서 튕겨 순간순간 의식이 되도록 하는 것도 좋은 방법이다.

8. 저는 이런 제 모습이 맞는 줄 알고 이제껏 살아왔어요? 큰 문제인가요? 표정의 변화가 없고 무뚝뚝한 목소리를 가지고 있어요.

성공을 위해 달려왔다는 40대 이○○. 직원들을 20명 정도 두고 있는 디자인 회사의 대표다. 그는 목소리와 스피치에 큰 문제가 없지만 한번 배워보고 싶어 왔다고 했다. 그의 목소리를 진단해 보았는데, 깜짝 놀랄만한 결과가 나왔다.

그는 감정이 배제된 로봇처럼 이야기하고 있었으며, 표정의 미세한 변화조차도 없었다. 촬영한 영상을 보여주었더니 그도 흠칫 놀라며 이렇게 이야기했다. 사실 성공에만 목표를 둬 사람 사이의 관계보다는 '일을 정확하게 잘하자'라는 생각으로 달려왔다고 했다. 그래서 표정이나 목소리에 신경 쓸 여유가 없었다며 고개를 떨어뜨렸다.

매력적으로 느껴지는 사람의 목소리는 밋밋하고 어두운 느낌의 저음이 아닌 톤과 억양의 변화가 있다. 국어책을 읽듯 일관된 어조로만 계속 이야기하지 말고 밝은 느낌을 담아 변화 있는 목소리로 감정을 신도록 해야 한다. 목소리와 성격은 닮았다. 밝은 목소리는 밝은 성격을 의미한다. 그와 더불어 표정의 변화는 필수다.

9. 취업을 준비하고 있습니다. 그런데 웅얼거리며 말을 한다는 이야기를 자주 들어요. 면접에서 점수를 잃을 것 같아 고민이 됩니다. 어떻게 해야 하나요?

대학교를 졸업하고 취업 준비를 하고 있는 20대 중반 민○○. 평소 친구들에게 말을 웅얼거리면서 하고 말을 먹는 것 같다는 이야기를 들어 취업을 앞둔 지금 고민이 많이 된다고 했다.

웅얼거리며 말을 한다는 것은 발음이 정확하지 않다는 것이고 말을 먹는 것 같다는 것은 발성이 잘 안 되어 있다는 것이다. 발음을 교정해 음가를 정확하게 내기 위해서는 입 모양과 혀의 위치를 알아야 한다. 특히나 웅얼거린다는 것은 입 모양과 관련이 깊다. 모음을 정확하게 내기 위해 입을 크게 벌리며 얼굴 근육을 잘 활용해야겠다. 발성은 소리를 입에 물고 있지 말고 앞으로 빼주는 연습을 해야 한다. 혀로 목구멍을 막지 말고 입속의 공간을 만든 후, 앞을 바라보는 방향으로 소리를 던져보자. 이런 방법으로 꾸준히 연습한다면 원하는 목표를 얻을 것이다.

10. 모기처럼 앵앵거리는 목소리를 가지고 있어요. 제가 이야기만 하면 다들 진지하게 생각하질 않고 장난처럼 넘겨버립니다. 저도 우아한 목소리를 가지고 싶어요.

귀여운 외모를 가지고 있는 30대 심○. 그녀는 코맹맹이 소리가 애교스럽다는 이야기를 자주 듣는데 과장이라는 직책에 맞지 않는 듯한 비음 섞인 본인의 목소리가 너무 불만족스럽다며 투덜거렸다. 고치고 싶지만 방법도 모르겠고 지금의 목소리가 본인과 안 어울리는 것 같다며 조금 더 우아하고 카리스마 있는 목소리를 가지고 싶다며 울먹거렸다. 생각했던 것보다 더 심하게 스트레스를 받고 있었다.
본인이 원하는 목소리를 가지기 위해서는 비강으로 발성을 하는 습관을 버리고 조금 더 의식적으로 구강에서 소리를 만들어내고 뱉을 수 있도록 해야겠다.
코를 막고 비음인 ㄴ, ㅁ, ㅇ을 제외한 소리를 낼 때 코가 막혀 있는 것 같은 콧소리가 나게 되면 비강 발성이 습관이 되어서 그런 것이다. 머릿속으로 본인이 남자라고 생각을 하고 무게감 있게 구강 발성으로 연습하길 권한다.

이 책을 마치며

목소리는 곧 본인의 이미지와 직결된다. 사람마다 각각 타고난 톤과 고유한 음색이 있다. 그 음색에 감정이라는 옷을 입히고, 꾸준한 훈련과 관심으로 목소리의 활용 능력을 높이면 매력적인 이미지가 만들어진다. 음악계에서 독일의 가곡을 가장 잘 표현했다는 바리톤의 거장 마티아스 괴르네가 있다. 그의 목소리는 물결이 일렁이듯 부드러우면서도 고급스럽고 단단하다. 큰 꾸밈은 없지만 감정을 진솔하게 소리에 담아내어 들으면 들을수록 매력적이다. 여러분의 목소리도 이처럼 만들 수 있다.

건물을 지을 때 뼈대가 되는 바탕의 구조가 중요하듯이 신체도 마찬가지로 에너지의 바탕이 되는 하복부와 허벅지 근육의 힘이 중요하다. 따라서 운동을 꾸준히 해서 신체를 단련해야 하며 목소리의 원리를 제대로 이해한 뒤, 본인에게 맞는 목소리를 표현하도록 해야 한다. 목소리는 오랜 습관의 결과물이다. 스스로는 인지하지 못하더라도 주변 사람들에게 물어보거나 녹음을 통해 객관적인 피드백을 받아봐서 문제가 있다면, 교정을 통해 듣기 좋은 목소리로 거듭날 수 있도록 해야겠다.

올 한해는 개인적으로 큰일이 많아 스스로 한층 더 성숙해졌다.

어둠이 있기에 밝음이 있다고 생각하며 이 책과 많은 시간을 함께 했다. 여러분이 걸어가게 될 밝은 길 한 가운데 이 책이 좋은 에너지로서 함께하길 바란다. 내용을 충분히 이해했다 하더라도 실습이 중요하다. 반복적인 연습을 꾸준히 하길 권하고 싶다. 목소리가 완성된 후 뿌듯해하며 마지막 책장을 덮을 수 있길 바란다.

따뜻한 내년 봄은 좋은 일들만 가득해 모두가 웃을 수 있길.

모든 분께 감사드리고, 많이 사랑합니다.

1 핸드폰을 켜고 녹음하며 다시 들어보라

내가 연습한 내용을 직접 듣고 점검해보는 것이 필요하다. 핸드폰의 녹음 기능을 누르고 그날 연습한 내용을 녹음하라. 그리고 날짜별로 누적된 목소리의 변화도 살펴보라.

2 연습은 매일매일 꾸준히 하라

목소리는 꾸준히 연습하는 것이 중요하다. 하루 30분 또는 최대 2시간 매일매일 목소리를 훈련하는 것이 좋다.

3 기본적인 호흡과 발성은 매 시간마다 선행하라

항상 기본에 충실해야 한다. 호흡과 발성은 따로 시간을 내어도 좋고, 일상생활에서 녹여내는 것도 좋다. 매 순간 호흡을 신경 쓰고 소리를 낼 때도 의식해야 한다.

4 www.smilespeech.co.kr에 있는 인터넷 강의를 참고하라

스마일스피치학원 사이트에 들어가면 인터넷 강의로 책의 내용을 동영상으로 볼 수 있다. 더불어 궁금한 내용은 사이트에서 상담 가능하다.

5 라디오를 많이 들어라

목소리의 변화를 이끌어 내려면 보이는 것보다 청각에 집중해야 한다. TV는 시각과 청각 모두 사용해 감각이 분산되므로 라디오를 많이 듣고 좋은 소리에 익숙하게 만드는 것이 중요하다. 귀가 들려야 어떤 것이 좋은 소리인지 분별이 되고 나의 소리도 바뀔 수 있다.

6 반복 학습으로 변화를 유지하라

원하는 목소리를 얻었다고 해서 습관이 다시 흐트러지면 예전의 모습으로 돌아가기 십상이다. 일상 목소리를 항상 신경 쓰고 반복된 연습으로 체화하라.

목소리를 부탁해 연습 체크

하루 30분, 그날 했던 내용들을 점검해보자. 호흡과 발성을 점검하고 지문을 낭독하며 연장 선상으로 일상 대화에 그 내용들을 적용해보자.

시간	날짜	연습 시간	호흡 발성	낭독	일상 대화에 적용
1. 30분					
2. 1시간					
3. 1시간 30분					
4. 2시간					
5. 2시간 30분					
6. 3시간					
7. 3시간 30분					
8. 4시간					
9. 4시간 30분					
10. 5시간					
11. 5시간 30분					
12. 6시간					
13. 6시간 30분					
14. 7시간					

시간	날짜	연습 시간	호흡 발성	낭독	일상 대화에 적용
15. 7시간 30분					
16. 8시간					
17. 8시간 30분					
18. 9시간					
19. 9시간 30분					
20. 10시간					
21. 10시간 30분					
22. 11시간					
23. 11시간 30분					
24. 12시간					
25. 12시간 30분					
26. 13시간					
27. 13시간 30분					
28. 14시간					
29. 14시간 30분					
30. 15시간					
31. 15시간 30분					
32. 16시간					

총평

목소리 선서

큰 소리로 외쳐보고 시작하자!

오늘부터 나 자신과 약속하겠다.

나는 내가 원하는 목소리를 만들 것이다.

나는 지금 자신감으로 꽉 차 있다.

운명아 길을 비켜라. 나는 할 수 있다!

성공적인 인생을 위해 만들어질 나의 목소리가 기대된다!

긍정의 말로 매일 아침 발성 연습하기

1. 고맙습니다!
2. 사랑합니다!
3. 나는 행복합니다!
4. 나는 적극적이다!
5. 꿈은 반드시 이루어진다!

동기부여가 되면 노력이 달라지고

노력이 달라지면 결과가 달라지고

결과가 달라지면 재미를 느낀다

재미를 느끼면 스피치는 항상 즐겁다

연습을 하면서 궁금한 점이 있거나, 답변이 필요할 경우에는 아래의 사이트를 방문해주세요. 온라인 강좌로 도움을 받을 수 있을 뿐 아니라 음성 파일을 올리면 목소리에 대한 피드백을 받을 수 있습니다.

http://www.smilespeech.co.kr